國家社科基金重大委托項目"《子海》整理與研究"成果

山東省社科規劃重大委托項目成果

子海精華編

主編 王承略 聶濟冬

西溪叢語

[宋] 姚寬 撰 袁向彤 點校

山東人民出版社·濟南

國家一級出版社 全國百佳圖書出版單位

圖書在版編目（CIP）數據

西溪叢語/（宋）姚寬撰；袁向彤點校. -- 濟南：
山東人民出版社，2018.2
（子海精華編/王承略，聶濟冬主編）
ISBN 978 - 7 - 209 - 11182 - 9

Ⅰ．①西… Ⅱ．①姚… ②袁… Ⅲ．①杭州—概況
Ⅳ．①K925.51

中國版本圖書館 CIP 數據核字（2017）第 300815 號

責任編輯：劉　晨　李　濤
封面設計：武　斌

西溪叢語

［宋］姚寬 撰　袁向彤 點校

主管部門　山東出版傳媒股份有限公司
出版發行　山東人民出版社
社　　址　濟南市英雄山路 165 號
郵　　編　250002
電　　話　總編室（0531）82098914
　　　　　市場部（0531）82098027
網　　址　http：//www.sd-book.com.cn
印　　裝　山東臨沂新華印刷物流集團有限責任公司
經　　銷　新華書店

規　　格　32 開（148mm ×210mm）
印　　張　7
字　　數　125 千字
版　　次　2018 年 2 月第 1 版
印　　次　2018 年 2 月第 1 次
ISBN 978 - 7 - 209 - 11182 - 9
定　　價　49.00 圓
　　　　　如有印裝質量問題，請與出版社總編室聯繫調換。

國家社科基金重大委托項目"《子海》整理與研究"成果之一

《子海精華編》

工作委員會

主　　任：樊麗明　王清憲

副 主 任：李建軍　胡金焱　劉致福　張志華

委　　員(按姓氏筆畫排列)：

王　飛　王　偉　王君松　王學典　方　輝　巴金文

邢占軍　杜　福　李平生　李劍峰　吳　臻　胡長青

孫鳳收　陳宏偉　劉丕平　劉洪渭

編纂委員會

學術顧問：安平秋　周勛初　葉國良　林慶彰　池田知久

總 編 纂：鄭傑文(首席專家)　王培源

副總編纂：王承略　劉心明

委　　員(按姓氏筆畫排列)：

王　瑋　王　震　王小婷　王國良　李　梅　李士彪

李玉清　何　永　宋開玉　苗　菁　郝潤華　姜　濤

馬慶洲　秦躍宇　高海安　陳元峰　黃懷信　張　兵

張曉生　單承彬　蔡先金　漆永祥　鄧駿捷　劉　晨

聶濟冬　蘭　翠　竇秀豔

《子海精華編》出版説明

　　"子海"，即"子書淵海"的簡稱。"《子海》整理與研究"課題係國家社科基金重大委託項目、山東省社科規劃重大委託項目。該課題分《珍本編》《精華編》《研究編》《翻譯編》四個版塊，力圖把子部珍稀文獻、精華文獻進行深層次的整理、研究和譯介，挖掘子部文獻的價值，促進子學研究的發展。

　　山東大學向來以文史見長。古籍整理與子學研究，是其中的傳統研究方向。"《子海》整理與研究"，是在山東大學前輩學者高亨先生積三十年之力陸續做成的《先秦諸子研究文獻目録》的基礎上，由已故著名古籍整理與研究專家董治安先生參與策劃、設計的大型綜合研究課題。課題立項後，得到了宣傳部、教育部、財政部、山東省政府和山東大學的大力支持，學界同仁踴躍參與。《精華編》的整理研究團隊近兩百人，來自海内外四十八所高校和研究機構。在組織管理上，《精華編》努力探索傳統文化研究協同創新的新體制、新機制，現已呈現出活力和實效。

　　華夏文明是由多元文化構築而成的。中國古代子部典籍，以歷代士人個性化作品的形式,系統性地展示了華夏民族的世界觀和方法論,立體性地反映了中華民族對世界文明發展的貢獻。其中,無論是宏篇大論,還是叢殘小語,都激蕩着歷史的聲音,閃爍着智慧的光芒,構成中國古代思想、藝術、科技和生活方式的主體内容。《精華編》通過對子部最優秀的典籍的整理,一方面擷英取粹,爲華夏文明的傳播提供可靠的資源和文本;另一方面以古鑒今,爲當下社會的發展提供智力支持和精神支撐。並希望進而梳理中華傳統文化的多元結構,繼承中華優秀傳統文化的一貫文脈。

根據漢代以後子學發展和子部典籍的實際情況,參照官私目録的分類與著録,《精華編》選取先秦諸子、儒學、兵家、法家、農家、醫家、曆算、術數、藝術、雜家、小説家、譜録、釋道、類書等十四個類目的要籍幾百種,編爲目録,作爲整理的依據,而在成果展現上則不出現具體的類目。爲統一體例,便於工作,《精華編》編有詳細的《整理細則》,并有簡明的《整理要則》,供整理者遵循使用。

《精華編》整理原則是,對每種子書的整理,突出學術性、資料性和創新性,力求吸納已有的整理成果,推出更具參考價值、更方便閲讀的整理文本。所采用的整理方式,大體有三種:一、部頭較大且前人未曾整理者,采用標點、校勘的方式整理;二、前人曾經標點、校勘者,或采用抽换更好或别具學術特色底本的方式整理,或采用集校、集注的方式整理,或采用校箋、疏證的方式整理,或綜合使用以上方式;三、前人已有較好的注本者,則采用集注、彙評、補正等方式整理。

《精華編》采用五次校審、遞進推動的管理程式,即:一、初校全稿。子海編纂中心組織碩、博研究生,修改文稿錯别字,規範異體字,調整格式,發現並標明校點中的不妥之處。二、初審文稿。子海編纂中心的編纂人員根據情況,解決初校時發現的問題,並判斷書稿的整體質量。三、匿名評審。聘請資深教授通審全稿,全面進行學術把關,消滅硬傷,寫出審稿意見。四、修改文稿。子海編纂中心及時把專家審稿意見反饋給整理者。整理者根據審稿意見修改,做出新文稿。五、終審文稿。待新文稿返回子海編纂中心後,總編纂做最後的學術質量把關。五步程序完成後,將文稿交付出版社。

五次校審的目的是爲了保證學術質量,提高整理水平,減少錯訛硬傷。但校書如掃塵埃落葉,隨掃隨有,《精華編》雖經多道程序嚴加把關,仍難免有錯,懇請方家不吝指教。子海編纂中心將及時總結經驗,吸取教訓,把工作做得更好,以實現課題設計的初衷。

目　録

整理説明

一、姚寬生平與主要著述

姚寬，字令威，南宋越州嵊縣（今屬浙江嵊州市）人，著名史學家、科學家，生於宋徽宗崇寧四年（1105），卒於紹興三十二年（1162）。寬年少即以父蔭入仕，後官至樞密院編修官，曾應南宋名臣李光之請入其幕府。金主完顏亮攻宋，姚寬堅主抵抗，上書預言完顏亮滅亡指日可待，果應。紹興三十一年（1161）十月，姚寬隨高宗赴金陵，不久得疾仆殿上卒。

姚寬一生所涉藝術門徑較寬，長於工技，善於詞章，頗工書法，篆隸皆佳。其著述有《西溪叢語》二卷，《西溪集》十卷，《五行秘記》一卷，《玉璽書》一卷，注司馬遷《史記》一百三十卷，補注《戰國策》三十一卷，又注《韓文公集》未畢，僅數卷。然以上著述完整傳世於今者，只有《西溪叢語》。

姚寬詞風開朗，屬婉約一派，《全宋詞》錄其詞五首。《宋詩紀事》卷四六收姚寬詩五首，其詩作後來編爲一卷錄入《全宋詩》。陳振孫《直齋書錄解題》卷二十載有姚寬《西溪居士集》五卷，已佚。近人周咏先輯《唐宋金元詞鈎沉》，有《西溪樂府》一卷。

二、《西溪叢語》内容與學術價值

姚寬研究視野廣闊，所著筆記《西溪叢語》取徑寬泛，所論包括歷代典籍、詩詞典故、名物常識、山川地理和官職制度等，具有重要學術價值和史料價值。姚寬治學嚴謹，注重實踐，對字、音、義的考訂與辨誤，皆極精審，其探索精神十分可貴。此書歷來深受學者關注，近代以來，《西溪叢語》有愈加受到重視之趨勢。

該書各方面學術價值述要如下：

（一）辨音、釋義

辨音如第六十五條《者不》，辨《禮記·射義》"者不在此位也"中的"不"音作上聲。考證韓愈作品的音切，如《進學解》中的"苴"讀平聲，《偃城聯句》二"藥"字讀音不同，《短燈檠歌》"檠"字作去聲讀爲誤。釋義如第九十一、九十二條解釋"消石""鹽消"。別名釋義如第八十條引《上林賦》《仙藥錄》等書解釋"檳榔"的別名。

（二）詞彙

列舉俗語如“八米”，成語如“無所適從”，咒語如“諾皋”，出自《靈奇秘要·辟兵法》。俗語方面，《古今俗語集成》歸納了“桓叔元女俱乘龍”“乾星照濕土，來日依舊雨”“如鹽藥”“夏姬得道，雞皮三少”四條俗語。[①]

（三）校訂、考證、辨誤

校訂如韓愈的《咏燈花》“黄裏排金粟”一語，《西溪叢語》引作“黄裏”，並引何遜詩“金粟裏搔頭”爲證。考證如對《感甄賦》始末的考證，主要涉及其文字與選本問題，注本主要徵引了《文選》中的注文。對韋應物生平大略的考證較爲詳細，可資參考。辨誤如第七十八條考《晋書》誤“勸學”爲“勤學”。第八十二條《楊柳二種》訂正蘇軾《水龍吟》中“楊花落水爲浮萍”説之誤。姚寬重新考證了《牧護歌》的源起，認爲《牧護歌》與自唐代以來的袄教僧人穆護傳法有很大的關係。

（四）補闕

《煮棗》條考證“煮棗”的地理位置，姚氏據《後漢·地理志》“濟陰郡冤句有煮棗城”，證實顏師古所疑“當在大河之南”爲確論，以此可補漢史之闕。

---

① 温端政主編，王樹山等輯：《古今俗語集成》第一卷，山西人民出版社1989年版，第642頁。

（五）點明詩詞之所本與出處

姚寬論詩如"編著詩集各有意""古人用字不苟""杜甫不曾誤用事""韓偓補詩非其實""秋菊落英"等條，注意考究詩人遣詞用字之所本。根據姚寬的記載，"柳色黃金嫩，梨花白雪香"出自陰鏗的詩，但其詩題無從考訂；陶淵明《閒情賦》出自張衡《同聲歌》；杜甫詩《醉歌行》中的"樹攬離思花冥冥"，出自陳克子高的"鳥聲妨客夢，花片攬春心"和杜審言的"啼鳥驚殘夢，飛花攬獨愁"；蘇東坡"橫看成嶺側成峰"，出自宋代道宣的《感通錄》。關於杜甫《少年行》"黃衫年少宜來數，不見堂前東逝波"，姚寬指出時杜甫在蜀，聽說传闻，概與《霍小玉传》創作之因有關。

（六）評點詩詞、總結創作技巧

如謂杜審言"啼鳥驚殘夢，飛花攬獨愁"句，"下句爲工"，所言亦在理。施蟄存、陳如江輯録《宋元詞話》根據姚寬的著述，列出了四條詞話，即"西子"（卷上第三十一條）、"魚西上"（卷上第五十四條）、"東坡續孟蜀王水殿詩"（卷上第一百一十七條）、"望江南"（卷下第十一條）。[①]

（七）徵引、著録他人雜詩

如《綠沉》記載南唐後主李煜寫給宮人慶奴的一首詩，

《范文正詩墨蹟》記載了一段范仲淹的浪漫情事。

（八）評論版本優劣

南宋時，《文選》注本主要流傳的是李善注本和五臣注本。在《西溪叢語》中，姚寬主要徵引了五臣注本，但對李善注本的引用率也較高。姚氏在第六十條《文選五臣注無足取》中説："李善《文選》引證精博，五臣無足取也。"從實際來考查，他所據之李善注本區別於傳世諸李善注本，具有獨特性和較高的文獻學價值。

（九）介紹各種門類知識

礦物和巖石方面，介紹了做端硯的幾種巖坑，又介紹磨娑石、消石的産地，記載了在唐宋時期被稱爲名硯之首的"紅絲硯"。航運方面，介紹浙東運河在水運歷史上的重要價值。關於茶葉知識，介紹"水芽"的製作方法。果實方面，介紹了"栗皺"，即栗蓬，落葉果實。

（十）記載文獻、史料

姚寬發現了《海潮論》石碑后，將這一極有科學價值的學術成果載入了《西溪叢語》。《盧秉鹽法》中記載了兩浙鹽法。姚寬引用《吳越春秋》和宋之問、杜牧、蘇軾的詩作，羅列了西施之終的幾種可能，至於何者爲是並没有進一步考辨。《湯火藥治天災》是歷史上有關球形閃電的最早描述。

《西溪叢語》的不足之處，主要是有些觀點過於牽強。如謂杜甫詩中之"黃衫少年"爲《霍小玉傳》之黃衫客，又謂杜甫“俊逸鮑參軍”句爲譏李白，皆有穿鑿附會之嫌。偶有考證不够允當，如注劉禹錫詩“翁仲”，不知其不作於洛陽；注李白詩“唾井”，不知其出於《玉臺新咏》王宋詩；引秦嘉《贈婦詩》，誤以第一首爲徐淑作；引《詩品》誤改“寶釵”；等等。

三、《西溪叢語》版本源流

《西溪叢語》宋代原刻本未見著録。現存最早的刻本是嘉靖二十七年（1548）俞憲鵝鳴山館刻本，白棉紙，半頁十行，行二十一字，白口，單邊，版心上方題“叢語”，下方有“鵝鳴館刻”四字。該本卷首有姚寬自序，又有嘉靖戊申俞憲序。據序稱刻本得之於馬玄西抄本，爲嘉靖戊申臨溪楊子武昌刊本。俞憲序中稱《西溪叢語》“文質而達，辨據而哲，事綜而博，義則而新，往往足備考證，有裨經史，匪直括異紀談啓顏資暇而已”，是當時私家刻本中的精本。

《西溪叢語》善本大多是嘉靖刻本及以此刻本作底本的校跋本，如清吳翌鳳臨何煌校跋、清張紹仁校並跋、黃丕烈跋本（被收入國務院頒布的第四批《國家珍貴古籍名録》）；清吳焯、丁丙跋本；清黃丕烈跋、繆荃孫校本。具體說明如下：

1. 吳枚庵臨何小山校本，小山所據爲嘉魚館之藏本，嘉魚館本即沈辨之野竹齋抄本。張紹仁以小山校本脱誤尚多，據所藏鵁鳴館刻《西溪叢語》加以校勘。

2. 吴焯、丁丙所跋的刻本，爲馬寒中所貽。闕失其半，丁丙補抄完足。

3. 黄丕烈跋、繆荃孫校的刻本，爲黄堯圃所藏，據他介紹，此本與所藏嘉魚館抄本有互勝之處，有缺失或模糊之處，他借摯友張紹仁藏本補抄爲全。

較早收録《西溪叢語》的還有明陶宗儀等編《説郛》三種之卷九（簡稱"説郛本"），有商務印書館《説郛》本，宛委山堂《説郛》本，1988 年版上海古籍出版社《説郛》本。其以節本收入，共二十二條，作一卷，卷首有姚寬自序，文字與通行本有諸多不同。

明代還有萬曆間商濬《稗海》刊本、崇禎間毛晋汲古閣刻《津逮秘書》本（簡稱"津逮本"）。《稗海》爲明商濬所輯的筆記叢書，有萬曆中會稽商氏半野堂刊本，清康熙中振鷺堂據明商氏刊版重編補刊印本，乾隆中振鷺堂修補重訂本。

毛晋的汲古閣刻本《西溪叢語》，竹紙，綫裝，三册，半頁八行，行十九字，版心有"汲古閣"三字。首頁有"宋剡川姚寬令威輯，明海虞毛晋子晋訂"，無自序。此刻本後經清黄丕烈校跋、繆荃孫精校。黄丕烈於卷上末尾跋曰："鵁鳴館刻本校，錢遵王校本覆改，吴敕庵校本參校"。繆荃孫精校本首題"繆荃孫校本"，從第二卷末識"硤石蔣氏別下齋影宋抄本凡四條爲本書缺失，已朱筆小字補入卷中書眉"，可知繆氏所據影宋抄本，爲蔣光煦舊藏。繆氏自題云："《西溪叢語》以嘉靖戊申俞汝成鵾鳴館刻本爲最先，與沈辨之野竹齋抄本各有勝負，錢遵王抄本從鵾鳴館本出（簡稱"錢校本"），毛氏汲古閣本亦與俞刻不甚相遠。"卷首最末據影宋抄本補録姚寬自叙，卷尾有毛晉跋。繆氏主要依據《説郛》本和沈與文、錢曾、吳翌鳳等人的抄本校正。

清代有乾隆間文淵閣《四庫全書》本（簡稱"四庫本"），嘉慶間張海鵬《學津討原》本（簡稱"學津本"），光緒五年（1879）葛元煦《嘯園叢書》刊本（簡稱"葛校本"）。四庫本《提要》評語引用了葉適《西溪題跋》即《題姚令威西溪集》中的材料。《學津討原》第一册第十二集輯有《西溪叢語》，據明毛晉《津逮秘書》加以增删。其版本有嘉慶十年（1805）張氏照曠閣刊本，民國十一年（1922）上海商務印書館據張氏照曠閣刊本影印本，江蘇廣陵古籍刻印社 1990 年據清嘉慶十年虞山張氏照曠閣刊本影印本。葛元煦在所輯《嘯園叢書》刊本的識語中指出，《西溪叢語》"考正舊文變析疑義，久爲藝林所重"。

當代藏書家黃裳記載其家藏有三本《西溪叢語》：1. 嘉靖中鵾鳴館刻本，"舊藏一本，係海虞瞿氏舊物"。2. 嘉靖鵾鳴館刻本，殘存卷下，天一閣舊藏，半頁十行，行二十一字，白口，單邊，版心下有"鵾鳴館刻"四字。3.《西溪叢語》

二卷，白棉紙印本，有南村陸氏藏印，嘉定陸廷燦藏書。

　　黄丕烈校勘《西溪叢語》的工作，具有重要的學術價值。黄丕烈（1763—1825），字紹武，號蕘圃、復翁等，江蘇長洲（今蘇州）人。他是乾嘉時期有名的藏書家、校勘學家和版本目録學家。他在題跋中提到了鵯鳴館刻本、野竹齋校本、嘉魚館抄本、錢遵王家抄本、張訒庵藏本、壽松堂蔣氏抄本。他自稱家有鵯鳴館刻《西溪叢語》，但一直不太重視，後來他在壽松堂蔣氏得瀘溪坊顧氏書，有錢遵王家抄本並手校者，發現這個抄本從鵯鳴館刻本抄出，於是開始重視。嘉靖時吴郡人沈與文，字辨之，其野竹齋校本，半頁八行，行十六字。嘉魚館抄本，明葉石君藏，“嘉魚館本，即沈辨之野竹齋抄本，字畫雖劣，究是古本之善者”（張紹仁），與鵯鳴館刻本有“互勝之處”。此本早於錢本。錢曾，字遵王，其家抄本從鵯鳴館本出，“通體似照鵯鳴館刻録”，而行款不盡同，“不言所自出，而以吴校證之，知亦出抄本也”。黄氏以“錢本闕失多同，因視鵯鳴館刻爲難得”。張訒庵所藏吴枚庵（吴翌鳳）臨何小山（何煌）校本，出嘉魚館藏本（或云野竹齋抄本）而又不同，“脱誤尚多”（張紹仁）。鵯鳴館刻本有“闕失並糊塗處”，黄氏借張訒庵藏本補抄爲全。黄氏校時，先以鵯鳴館刻校，接着以錢校覆之，最後以吴校參之，可謂精審。如此“覆校錢述古校本，又參校吴翌鳳臨何煌校本，又參鵯鳴本，汲古津逮本”（《藏園群書經眼録》），可稱善本。

清陸心源曾作《〈西溪叢語〉校》（簡稱“陸校本”），收入《潛園總集·群書校補》。陸心源，字剛父，據明鵝鳴館仿宋本、影宋本補録自序及津逮秘書、學津討原等所缺三條。

民國時期，有《涵芬樓秘笈》（第八集）（簡稱“涵芬樓本”）、《五朝小説大觀》《筆記小説大觀》（簡稱“大觀本”）及《叢書集成初編》等收録《西溪叢語》。《涵芬樓秘笈》中《西溪叢語》末尾有己未（1919）孫毓修跋，孫氏據蔣光煦別下齋影宋抄本增補四條。王雲五主編《叢書集成初編》，據《學津討原》本排印。該版本除臺灣商務印書館1961年出版，北京商務印書館也有印行。

中華書局1993年出版孔凡禮點校本《西溪叢語》（簡稱“孔校本”），原書各條没有標題，整理者據其内容擬了標題，並編制了目録，個别條目有改動。如第五十條作“稱妻爲鄉里”。全書首先介紹了姚寬的生卒年、字號、籍貫和主要人生經歷，指出姚寬治學具有“務實”的特點，以及其書多方面重要價值。關於《西溪叢語》的版本，孔凡禮介紹了明嘉靖本、稗海本和津逮本（二者同出一源）、四庫本、學津本和繆校本五種。繆荃孫依據之本源出影宋抄本，或蔣氏抄本，而影宋抄本又源出宋刊本。繆荃孫校本（簡稱“繆校本”）遠勝各本。學津本是孔凡禮點校工作的底本，繆校本是其重要依據。當然，繆校的遺漏孔校本也舉出兩例。孔校本還使用傅增湘、章鈺的校本，並進行了覆核。他選擇了校勘精審的善本，可見其極爲謹慎細緻的態度與精神。不過，孔校本還有一些不足之處。標點之誤如第六十二條《麴塵乃鞠塵之誤》，第七十三條《北苑茶》，第八十一條《羅隱牡丹詩》，第一百二十六《諼草》。正文、注本標點的誤用情況，如卷下第三條《陶潛讀山海經注釋》。其他文字之誤，如上卷第六十六條《秦誓文》中的"盟刺"，在校勘中改成了"制"，第七十三條《北苑茶》"皆大小團茶也"中的"茶"屬筆誤。

《西溪叢語》成書於紹興二十二年（1153），共二卷。本書在二百六十四條的基礎上，根據影宋抄本、繆荃孫校本等進行增補與合併，作二百六十九條。此次整理以明嘉靖二十七年（1548）刻本爲底本，參考以此底本進行校跋的清代校本：吳翌鳳、何煌校跋，清張紹仁校並跋本；清吳焯、丁丙跋本；清黃丕烈、繆荃孫校本。同時，還有參校"汲古閣"本、明説郛本、明稗海本、清四庫本、葛元煦《嘯園叢書》本、陸心源《潛園總集》、民國涵芬樓本、《筆記小説大觀》等本。標點則參考了孔凡禮點校本、薛正興點校本、程毅中《宋人詩話外編》和閻中英等主編的《四庫全書·子部精要》本。

四、關於《西溪叢語》的評述研究

如前所述，《西溪叢語》版本主要有明嘉靖二十七年戊申俞憲鴻鳴館刻本、明吳郡沈辨之野竹齋寫本和黃丕烈覆校錢述古校本。在刊刻流傳過程中，有些標注了版本的藏書簡目，有些藏書家不僅列舉詳細的書目並抄録、撰寫題跋。如黃丕烈撰寫，繆荃孫、章鈺、吳昌綏等編集的《蕘圃藏書題識》（屠友祥校注，簡稱"屠校本"），清光緒八年潘祖蔭所輯《士禮居藏書題跋記》，記載了黃氏關於《西溪叢語》版本收藏流轉的情況及題跋文字，傅增湘的《藏園群書經眼録》論及《西溪叢語》不同版本之間的關係及其優劣。

關於《西溪叢語》的評述研究，南宋時期有吳曾《能改齋漫録》援引了《西溪叢語》的論鹽、諸臯條，文字稍有差異。南宋中期王明清《揮麈録》贊論《西溪叢語》"考古今事，最爲詳備"，引用了其有關海潮的内容，並考證燕肅爲《海潮論》作者。南宋學者葉適評價姚氏的著述"古今同異無不該括"，高度評價了其創作，視姚寬爲一等作者。明代俞弁《逸老堂詩話》引用了姚寬《西溪叢語》卷下四《高春》條，並對"高春"進行釋義。①

---

① 丁福保輯：《歷代詩話續編》卷上，中華書局 1983 年版，第 1316 頁。

　　近人陶覺先《宋人小説類編》“辯證類”，對姚寬的“肥當作萉”“讎書”“行香”三條進行了考辨。李裕民在其所著《四庫提要訂誤》中，按照《寶慶會稽續志》《建炎以來繫年要録》推測姚寬生年應在崇寧三年（1104），同時還對《西溪叢語》的別稱進行了辨析。

　　今人薛正興先生著有《薛正興文存》，他對孔凡禮先生點校《西溪叢語》的疑誤進行記録整理，共計校38條。他還檢核《山海經》原文及郭注，對多種版本的點校等提出了意見。程毅中主編的《宋人詩話外編》收録了120條《西溪叢語》，金沛霖等人主編的《四庫全書·子部精要》輯有《西溪叢語》，二書中的句讀與孔本有諸多不同。另外，諸多辭典、雜著對《西溪叢語》也做出過整體評價，如《中國名著大辭典》《中國詩話辭典》《四庫全書·子部精要》和《全宋筆記》等。《西溪叢語》作爲宋代筆記資料之一，具有重要的學術價值。姚氏不僅考證典籍，辨識正訛，總結詩歌技巧，評點詩作，記録佚事，還廣泛涉及歷史人物與事件、文物典故、山川地理，值得深入研究。

自　叙

　　嘗讀《新論》云：若小説家合叢殘小語以作短書，有可觀之辭。予以生平父兄師友，相與談説履歴見聞，[①] 疑誤考證，積而漸富，有足采者。因綴緝成編，[②] 目爲叢語，不敢誇於多聞，聊以自怡而已。紹興昭陽作噩仲春望日，剡川姚寬令威識。[③]

---

　　①　“説”，説郛本作“笑”。

　　②　“編”，孔校本作“篇”。

　　③　“剡川”，説郛本、屠校本無此二字；“姚寬”上，校本、屠校本有“西溪”二字；“識”，説郛本、屠校本作“云”。

刻西溪叢語叙

宋馬端臨紀載小説家，無慮什百。近世每刻，輒彙數十家。然雅俗並陳，正靡間出，覽者或不慊云。

往過西京馬西玄氏，獲見姚寬《西溪叢語》，文質而達，辨據而晰，事綜而博，義則而新，往往足備考證，有裨經史，匪直括異、紀談、啓顔、資暇而已。余竊愛焉，久不去於心。頃過三石喬子，又復見之，問所從，即西玄抄本也。第多脱誤，不便披省，遂相與校核一過，屬臨溪楊子刻之武昌。

叙曰：宋姚寬無顯名，觀其自叙，蓋博聞多識之士也。又自言嘗按嶺外，出守會稽。或曰：寬善天文，言時事有驗，將除郎，卒。官止六部監門，今皆不可考見。然其書則藝苑不可廢者。別有《西溪居士集》五卷，見端臨《通考》。獨此不列於小説，豈端臨去寬時未久，書固未盡出邪？嗟乎！寬以瑣辭綴緝，歷數百載，尚有表著之者，況大於此者乎？故君子進以功烈自顯樹，退則與道德爲徒，不得已沈冥述作，亦不失爲一家之言，要不至莽莽泯泯，草壤同敝而已。余故於寬書有感也。是刻既出，又必有搜《居士集》而新之者，因可並傳不朽云。

嘉靖戊申春中月望，錫山俞憲汝成氏撰。

西溪叢語卷上

宋剡川姚寬　撰

一、肥遯即飛遯

《周易·遯卦》：“肥遯，無不利。”“肥”字古作“𦜉”，與古“蜚”字相似，即今之“飛”字。後世遂改爲“肥”字。九師《道訓》云：“遯而能飛，吉孰大焉！”張平子《思玄賦》云：“欲飛遯以保名。”注引《易》“上九，飛遯，無不利”，謂去而遷也。[①] 曹子建《七啓》云：[②]“飛遯離俗。”程氏《易傳》引《漸》“上九，鴻漸於陸”，爲“鴻漸於逵”。以“小狐汔濟”，“汔”當爲“訖”，[③] 豈未辨證此耶？

[①] “謂去而遷也”，説郛本作“謂此也”。
[②] “曹子建”，説郛本作“曹植”。
[③] “訖”，錢校本作“圪”。

二、觚

《論語》云："觚不觚。觚哉！觚哉！"《太平御覽》引此注云："孔子日削觚，而志有所念，觚不時成，故曰觚哉！觚哉！觚，小器耳。心不專一，尚不時成，況於大事乎！"觚，木簡也。史游《急就章》云："急就奇觚與眾異。"注云："觚者，學書之牘，或以記事，削木爲之，或六面，或八面，面皆可書。觚者，棱也，有棱角也。"

三、説文引孟子不若是忿恐爲正

許氏《説文》："忿，音呼介切，忽也。"引《孟子》"孝子之心，不若是忿"。今所傳《孟子》曰"爲不若是恝"。趙岐注云："恝，無愁貌。公明高以爲孝子不得意於父母，自當愁怨，豈可恝恝然無憂哉！"許氏《説文》用古文纂集成之，引用"忿"字，恐爲正也。

四、會稽論海潮碑①

舊於會稽得一石碑，論海潮依附陰陽時刻，極有理。不知其誰氏，復恐遺失，故載之：

觀古今諸家海潮之説者多矣。或謂天河激涌，葛洪《潮説》。亦云地機翕張，見《洞真》《正一》二經。② 盧肇以日激水而潮生，封演云月周天而潮應，挺空入漢，山涌而濤隨；施師謂僧隱之之言。析木大梁，月行而水大。見竇叔蒙《濤志》。源殊派異，無所適從，索隱探微，宜伸確論。

大中祥符九年冬，奉詔按察嶺外，嘗經合浦郡廉州。沿南溟而東過海康，雷州。歷陵水，化州，涉恩平，恩州。住南海，廣州。迤由龍川惠州，抵潮陽，潮州。洎出守會稽，越州。移蒞勾章。明州。已上諸郡，俱沿海濱，朝夕觀望潮汐之候者有日矣。汐，潮退也。③ 得以求之刻漏，究之消息，消，進；息，退。④ 十年用心，頗有準的。

---

① 吳校本、繆校本注："抄本在杜甫月詩處。"
② "見《洞真》《正一》二經"，原作"洞正二真經"，《補晉書·藝文志》卷五《洞真經》、《宋史》卷二五《藝文志四》有《正一論》及冠以"正一"二字之書名七種；《道藏》有《洞真部》《正一部》，據改。
③ "潮"上，揮麈本、錢校本、繆校本、孔校本有"音夕"二字。
④ "退"下，孔校本有"也"字。

大率元氣噓翕，天隨氣而漲斂；溟渤往來，潮隨天而進退者也。以日者衆陽之母，陰生於陽，故潮附之於日也；月者太陰之精，水乃陰類，[①] 故潮依之於月也。是故隨日而應月，依陰而附陽，盈於朔望，消於朒朒，敷尾切。魄，虛於上下弦，[②] 息於輝朒。朒，女六切。朔而日見東方也。[③] 故潮有小大焉。今起月朔夜半子時，潮平於地之子位四刻一十六分半，月離於日，在地之辰。次日移三刻七十二分，對月到之位，以日臨之，次潮必應之。過月望，復東行，潮附日而又西應之，至後朔子時四刻一十六分半，日月潮水，俱復會於子位。其小盡則月離於日，在地之辰，次日移三刻七十三分半，對月到之位，以日臨之次，潮必應之。至後朔子時四刻一十六分半，日月潮水，亦俱復會於子位。[④] 是知潮常附日而右旋。[⑤] 以月臨子午，潮必平矣，月在卯酉，汐必盡矣。或遲速消息之小異，而進退盈虛，終不失其期也。[⑥]

或問曰："四海潮平，皆有漸，[⑦] 惟浙江濤至，則亘如山岳，奮如雷霆，水岸橫飛，雪崖傍射，澎騰奔激。吁，可畏

---

① "乃"，吳校本作"者"；"乃陰類"，揮塵本作"者陰"。
② "虛"，揮塵本無此字。
③ "也"，繆校本無此字。
④ "其小盡"至"亦俱復會於子位"共五十九字，揮塵本無。
⑤ "是"上，揮塵本、嘉泰會稽志本卷一九《雜記》、孔校本有"於"字。
⑥ "其"，揮塵本、嘉泰會稽志本卷一九、繆校本作"於時"。
⑦ "皆"上，揮塵本有"來"字。

也！其漲怒之理，可得聞乎？"曰："或云夾岸有山，南曰龕，北曰赭，二山相對，謂之海門，岸狹勢逼，涌而爲濤耳。"

若言"狹逼"，則東溟自定海，_{縣名，屬四明。}① 吞餘姚、奉化二江，_{江以縣爲名，一屬會稽，一隸四明。}侔之浙江，尤甚狹逼，② 潮來不聞濤有聲也。今觀浙江之口，起自纂風亭，_{地名，屬會稽。}北望嘉興大山，_{屬秀州。}水闊二百餘里，故海商舶船，畏避沙潬，不由大江，③ _{水中沙爲潬，徒旱切。}惟泛餘姚小江，易舟而浮運河，達於杭、越矣。蓋以下有沙潬，南北亙連隔礙，④ 洪波蹙遏潮勢。夫月離震、兌，他潮已生，惟浙江潮水不同，⑤ 月經乾、巽潮來已半，濁浪堆滯，⑥ 後水益來，於是溢於沙潬，猛怒頓涌，聲勢激射，故起而爲濤耳，非江山淺逼使之然也。⑦

---

① "明"下，揮塵本、繆校本、孔校本有"郡"字。
② "甚"，孔校本作"其"。
③ "畏避沙潬，不由大江"，揮塵本、嘉泰會稽志本、吳校本、繆校本作"怖於上潬"。
④ "隔"上，揮塵本、嘉泰會稽志本、吳校本、繆校本有"之"字。
⑤ "不同"，揮塵本、嘉泰會稽志本、錢校本、吳校本、繆校本、孔校本作"未至，泊"。
⑥ "堆"，揮塵本、嘉泰會稽志本、吳校本、繆校本作"推"。
⑦ "也"下，揮塵本、嘉泰會稽志本、繆校本、孔校本有"宜哉"二字。

五、諾皐

段成式《酉陽雜俎》有《諾皐記》，又有《支諾皐》，意義難解。《春秋·左氏傳·襄公十八年》：“秋，齊侯伐我北鄙。中行獻子將伐齊，夢與厲公訟，弗勝。① 公以戈擊之，首墜於前，跪而戴之，奉之以走，見梗陽人巫皐。② 他日，見諸道，與之言，同。巫曰：‘今兹主必死，若有事於東方，則可以逞。’獻子許諾。”疑此事也。

晁伯宇《談助》云：《靈奇秘要·辟兵法》：“正月上寅日，③ 禹步，取寄生木三，呪曰：‘喏皐，④ 敢告日月震雷，令人無敢見我，我爲大帝使者。’乃斷取五寸，陰乾百日，爲簪二七，循頭還着，令人不見。”⑤ 晁説非也。

---

① “弗”，説郛本作“勿”。
② “人”，《春秋左傳正義》卷三三、吳校本、孔校本作“之”；“巫”上，説郛本有“祝”字。
③ “日”，孔校本作“月”。
④ “喏”，説郛本、大觀本作“諾”。
⑤ “人”上，《能改齋漫録》卷五《諾皐》、吳校本、繆校本、孔校本有“中”字。

六、楚懷王夢游高唐

昔楚襄王與宋玉游高唐之上,① 見雲氣之異,問宋玉。玉曰:"昔先王夢游高唐,與神女遇,玉爲《高唐之賦》。"先王謂懷王也。宋玉是夜夢見神女,寤而白王,王令玉言其狀,使爲《神女賦》。後人遂云襄王夢神女,非也。古樂府詩有之:"本自巫山來,無人睹容色。惟有楚懷王,② 曾言夢相識。"李義山亦云:"襄王枕上元無夢,莫枉陽臺一片雲。"今《文選》本"玉""王"字差誤。

七、古文篆乃蒼頡作

古文篆者,黄帝史衙人蒼頡所作也。蒼頡姓侯剛氏。衙音語。

---

① "上",錢校本作"顧",吳校本、繆校本作"觀"。

② "懷",繆校本作"襄";"懷王",孔校本引《玉臺新咏集》卷二《行雨詩》作"王臣"。

八、衛夫人

杜甫詩《丹青引》：“學書須學衛夫人，但恨無過王右軍。”衛夫人名鑠，字茂漪，即廷尉展之弟，恒之從妹，汝陰太守李矩之妻，中書郎李充之母。王逸少師善鍾法，能正書，入妙能品。王子敬年五歲，已有書意，夫人書《大雅吟》賜之。

九、綠沉

杜甫詩：“雨拋金鎖甲，苔臥綠沉槍。”薛倉舒注杜詩，引車頻《秦書》云：“苻堅造金銀綠沉細鎧，① 金爲綎以缭之。② 綠沉，精鐵也。”《北史》：“隋文帝嘗賜張齋綠沉甲、③ 獸文具裝。”《武庫賦》云：“綠沉之槍。”唐鄭概聯句有“亭亭孤筍綠沉槍”之句。《續齊諧記》云：“王敬伯夜見一女，命婢取酒，提一綠沉漆榼。”王羲之《筆經》：“有人以綠沉

---

① “苻”，原作“符”，誤。
② “綎”，程校本作“綫”。
③ “嘗”，繆校本無此字。

11

漆竹管見遺，^① 亦可愛玩。"蕭子雲詩云：^② "緑沉弓項縱，紫艾刀横拔。"^③ 恐緑沉如今以漆調雌黄之類，若調緑漆之，其色深沉，故謂之緑沉，非精鐵也。

一〇、曹植感甄賦乃黄初四年作

李義山《代魏宫私贈诗》云："來時西館阻佳期，去後漳河隔夢思。知有宓妃無限意，春松秋菊可同時。"《代元城吴令質暗爲答》云："背闕歸藩路欲分，水邊風日半西矄。襄王枕上元無夢，莫枉陽臺一片雲。"第一篇注云："黄初三年，已隔存没，追逮其意，何必同時。"按此詩當是四年作。^④ 甄后：黄初二年，郭后有寵，后失意，帝大怒，六月遣使賜死，葬於鄴。《洛神賦》云："黄初三年，朝京師，還濟洛川。"李善云："三年，立植爲鄄城王。四年，徙封雍丘，^⑤ 其年朝京師。"又《文紀》云：^⑥ "三年，行幸許。"又

---

① "人"，原作"又"，《能改齋漫録》卷四《緑沉》條引《筆經》作"人"，錢校本、吴校本據改，今從。
② "蕭"，原作"簫"，誤。
③ "刀"，吴校本、繆校本作"刃"。
④ "此詩當是四年作"，孔校本據《李商隱詩注》所云"黄初三年，當爲黄初四年"。疑此處有誤脱。
⑤ "丘"，學津本、程校本作"邱"。
⑥ "紀"，原作"紹"，據四部叢刊本《文選》卷一九《洛神賦》、吴校本、繆校本、孔校本改。

曰："四年三月，還雒陽。"《魏志》及諸詩序並云"四年朝"。① 此云三年，誤矣。

"怨盛年之不當。"李善云："謂少壯之時，不能得當君王之意。此言微感甄后之情。"黃初二年，植與諸侯就國，監國謁者灌均，奏植醉酒悖慢，劫脅使者。有司請治罪，故貶爵安鄉侯，改封鄄城侯，後求見帝。黃初四年來朝，帝責之，置西館，未許朝。上《責躬詩》。裴鉶《傳奇》載《感甄賦》之因，文字淺俗不可信。元微之《代曲江老人百韻》有"班女恩移趙，② 思王賦《感甄》"，何也？

李善注《感甄賦》云"東阿王漢末求甄后逸女，③ 不遂，④ 太祖回，與五官中郎將。植殊不平，晝思夜想，忘寢與食。黃初中入朝。帝示植甄后玉縷金帶枕，⑤ 植見之，不覺泣下。時已爲郭后讒死。帝意亦悟，⑥ 因令太子留宴飲，以枕賫植。植還，度轘轅，將息洛水上，忽見女子來，自云：'我本託心君王，其心不遂，此枕是我嫁時從嫁，⑦ 前與五官

---

① "《魏志》及諸詩序"原脫，據《文選》、吳校本、繆校本、孔校本補。
② "老"，原作"者"，據《元稹集》改。
③ "后"，《文選》、吳校本、繆校本、孔校本無此字。
④ "不"上，《文選》、錢校本、吳校本、繆校本、孔校本有"既"字。
⑤ "甄后"，原脫，據《文選》補。
⑥ "亦"，吳校本作"尋"。
⑦ 前"嫁"字，吳校本作"家"。

中郎將，今與君王。'遂用薦枕蓆，歡情交集。① 又云：'豈不欲常見？但爲郭后以糠塞口，令被髮掩面，② 羞將此形貌重睹君王耳。'言訖，遂不復見所在。遣人獻珠於王，王答以玉佩，悲喜不能自勝，因作《感甄賦》。後明帝見之，改爲《洛神賦》"云。

《孔融傳》云："初，曹操攻屠鄴城，袁氏婦子多見侵掠，③ 而操子丕納袁熙妻甄氏。"④《魏略》云："鄴城破，文帝入紹舍，后怖脅伏姑膝上。⑤ 帝令舉頭就視，見其顏色非常。太祖聞其意，爲迎取之。"

一一、水碧

李太白《过彭蠡湖》詩云："水碧或可采，金膏秘莫言。余將振衣去，羽化出囂煩。"⑥ 江文通《擬王徵君》詩云：⑦ "水碧驗未賭，金膏靈詎緇。"翰曰："水碧，水玉也。金膏，

---

① "集"下，《文選》、繆校本、孔校本有"豈常辭能具"五字。
② "令"，《文選》注文、孔校本作"今"。
③ "掠"，繆校本作"略"。
④ "納"上，吳校本有"私"字。
⑤ "怖"，原脱，據《三國志》卷五《文昭甄皇后傳》注文、吳校本、繆校本、孔校本補。
⑥ "李太白"，説郛本作"李白"；"或"，説郛本作"不"；"余將振衣去，羽化出囂煩"，説郛本無。
⑦ "擬王徵君"，説郛本無。

仙藥也。"又《擬郭璞》云：①"傲睨摘木芝，凌波采水碧。"謝靈運《入彭蠡湖口作》："靈物多珍怪，異人秘精魂。② 金膏滅明光，水碧輟流溫。"注云："水碧，水玉也。此江中有之，然皆滅其明光，止其溫潤。"③《穆天子傳》："河伯示汝黃金之膏。"《山海經》云："耿山多水碧。"又云："柴桑之山，潯陽水，其下多碧，多泠石赭。"未知何物。余常見墨子、道書，④ 大藥中有水脂碧者當是。洪炎《雜家》引舊説云："宮亭湖中，有孤石介立，周圍一里，竦直百丈，上有玉膏可采。"⑤ 梅聖俞《聽潘歙州話廬山》詩云："絶頂水底花，開謝向淵腹。風力豈能加，日氣豈能燠。⑥ 攬之不可得，滴瀝空在掬。"豈非水碧耶？予久游廬山，不聞有此。⑦

---

① "擬郭璞"，説郛本無。

② "靈物多珍怪，異人秘精魂"，説郛本無；"靈"，原作"雲"，據《文選》卷二謝靈運《入彭蠡湖一首》、繆校本、孔校本改；"多"，《入彭蠡湖一首》作"杳"，繆校本作"名"。孔校本指出繆校本之"名"當爲"杳"之誤。

③ "其"，説郛本、吳校本、繆校本作"見"。孔校本引《文選》六臣注"潤"下有"而不見"三字。

④ "余常"，説郛本作"予嘗"；"常"，大觀本、繆校本作"嘗"。

⑤ "洪炎《雜家》引舊説云"至"上有玉膏可采"，説郛本無。

⑥ "風力豈能加，日氣豈能燠"，説郛本無。

⑦ "予久游廬山，不聞有此"，説郛本無。

一二、欸乃

柳子厚詩云:"漁翁夜傍西巖宿,曉汲清湘燃楚竹。烟消日出不見人,欸乃一聲山水緑。"欸,音襖;乃,音靄,相應之聲也。今人誤以二字合爲一。劉言史《瀟湘游》云:"夷女采山蕉,緝紗浸江水。野花滿髻妝色新,[①] 閒歌曖迺深峽裏。曖迺知從何處生,當時泣舜斷腸聲。"此聲同而字異也。"曖迺"即"欸乃"字。

一三、崇讓坊

李義山《崇讓宅宴》詩:"風過迴塘萬竹悲。"洛陽有崇讓坊,有河陽節度使王茂先宅,李即茂先之婿。韋氏《述征記》云:"此坊出大竹及桃。"

一四、屈原賦篇數

《離騷·九歌》,章句名曰九,而載十一篇,何也?曰:

---

① "髻",原作"鬠",據《全唐詩》卷四六八劉言史之詩、繆校本、孔校本改。

九以數名之，如《七啓》《七發》，非以其章名。或云《國殤》《禮魂》不在數。若除《國殤》《禮魂》，只二十三篇。韓文公云：“屈原《離騷》二十五。”王逸云：“《漁父》以上二十五，合《國殤》《禮魂》也。”劉淵林注《魏都賦》引《九章》之辭曰“蒂也必獨立”，引《卜居》之辭曰“橫江潭而漁”。今閱二篇，又無是一句，信有闕文。淵林出漢後，何爲獨見全書也？嘗有《策問》云：蕭統《文選》載《九歌》，無《國殤》《禮魂》。晁無咎謂《大招》古奧，疑原作。今起《離騷經》《遠游》《天問》《卜居》《漁父》《大招》，而云《九章》《九歌》又十八，則原賦存者，二十四篇耳。《惜誓》盡叙原意，① 末云：“鸞鳳之高翔，見盛德而後下。”與賈誼《弔屈原文》云：“鳳凰翔於千仞兮，覽德輝而下之。”斷章趣同，將誼效之也？抑固二十五篇之一，未可知也？若如《文選》去《國殤》《禮魂》，以《大招》《惜誓》補，則二十五篇，似爲足矣。“橫江潭而漁”，揚雄《答客難》有之，如賈逵、班固於《離騷經》，嘗以所見改易無疑，則《九章》《卜居》，如王逸輩或有改易，未可知也。書之闕文，未易深考。

---

① “誓”，原作“哲”，據《楚辭》王逸章句卷一一、錢校本、吳校本、繆校本、孔校本改。

一五、杜詩野航恰受兩三人出處

杜甫："野航恰受兩三人。"晋郭翻乘小舟歸武昌,安西將軍庾亮造之,① 以其船狹小,欲就引大船。② 翻曰："使君不以鄙賤而猥辱臨之,③ 此固野人之船也。"

一六、李商隱詩誤用事

李商隱詩云："何人書破蒲葵扇,記看南塘移樹時。"蒲葵,棕櫚也。《晋陽秋》："謝太傅鄉人有罷中宿縣,詣安。安問歸資,答曰:'唯有五萬蒲葵扇。'安乃取其中者執之,其價數倍。"又,王羲之見老姥持六角扇賣之,因書其扇各五字,④ 老姥初有難色,羲之謂曰："但云右軍書,以求百金。"姥從之,人競買之。乃二事誤用也。

---

① "亮",錢校本作"翼"。
② "欲",原脱,據《晋書》卷九四《郭翻傳》、孔校本補。
③ "猥",繆校本作"爲"。
④ "字",繆校本作"自",孔校本按作"自",屬下句讀。

一七、洗兵馬

杜甫《洗兵馬》。左太冲《魏都賦》云：“洗兵海島，刷馬江州。”① 《六韜》：“武王問太公：‘雨輜車至軫，何也？’云：‘洗甲兵也。’”魏武《兵要》曰：“大將將行，雨濡衣冠，是謂洗兵。”

一八、蛤蜊文蛤一潮生一暈

海上人云：“蛤蜊、文蛤，皆一潮生一暈。”

一九、木一歲生一節

凡木一歲生一節，來歲復於節上再長也。②

---

① “州”，《文選》卷六、薛校本作“洲”。
② 此條原無，錢校本、吳校本、陸校本、繆校本、孔校本據明鶡鳴館仿宋本、影宋本補，今從。

二〇、御前甲仗庫

趙純《師孟》云："澶淵之役，班師，留兵器於開德府，謂之御前甲仗庫。著令監官四員，兩員宗室。庫內有張承業《財計書》、李克用《兵法》。此書今亡。①

二一、真贗

真贗。贗，偽也。《韓非子》云："宋人求饞鼎。魯人云：'真也。'齊人曰：'贗也。'"

二二、兼年之食

《夏歸藏》云：士無兼年之食，遇天飢，妻子非妻子也；大夫無兼年之食，遇飢與喪，臣妾非其有也；國無兼年之食，遇天飢，百姓非所有也。戒之哉！②

---

① 此條繆校本注："此書必有可觀，惜其亡也。"
② 此條繆校本注："無兼年之食尚且不可，況無兼年之妻子？"

二三、綢繆有數義

"綢繆"兩字，而有數義。詩云："綢繆牖戶。"注云："纏綿也。"王粲云："綢繆清燕娛。"五臣云："綢繆，親重貌。"吳質《答東阿王書》云："是何慰喻之綢繆乎?"注云："綢繆，殷勤之意也。"

二四、老杜空中書出處

老杜《送孔巢父》"幾歲寄我空中書"，用史宗引小兒騰空覺脚下有波濤寄書事，乃蓬萊仙人也。洪慶善云"'空中書'乃'雁足書'"，非也。

二五、酒謂之歡伯

酒謂之歡伯。焦贛《易贛·坎之兌》①《遯之未濟》辭云："酒爲歡伯，除憂來樂。福喜入門，與君相索。"伯音博，協音也。

---

① "贛"，原作"貢"，據《隋書》卷三四《經籍志三》、孔校本改。

二六、金釵乃糯米之名①

王琪君玉《金陵飲酒》詩云：“蜀江雪浪來天際，一派
泉春寶釵碎。”蓋謂水碓春金釵糯也。金釵乃糯米之名。詩載
荊公集中，非是。

二七、豆蔻

杜牧之詩云：“娉娉嫋嫋十三餘，豆蔻梢頭二月初。”不
解“豆蔻”之義。閱《本草》，豆蔻花作穗，嫩葉卷之而生，
初如芙蓉穗頭，深紅色。葉漸展，花漸出，而色微淡。亦有
黃白色，似山薑花，花生葉間，南人取其未大開者謂之含胎
花，② 言尚小如妊身也。③

二八、蘭亭會

東坡《和陶詩》云：“再游蘭亭，默數永和。”考蘭亭之

① 原本此條接上條，合爲一條；錢校本、吳校本、孔校本、繆校本改爲另一
條，今從。
② “含”，學津本、程校本作“舍”。
③ “尚”上，吳校本有“年”字；“如”，吳校本作“而”，孔校本作“於”。

會，自右軍、謝安，凡四十二人。後大曆中，朱迪、呂渭、^①吳筠、章八元等三十七人，經蘭亭故池聯句，有"賞是文辭會，歡同癸丑年"之句，必有此事也。

二九、陶淵明閒情賦所自

陶淵明《閒情賦》必有所自，乃出張衡《同聲歌》云："邂逅承際會，偶得充後房。情好新交接，颼慄若探湯。願思爲莞席，在下蔽匡牀。願爲羅衾幬，在上衛風霜。"

三○、僕謂我

東坡《濁醪有妙理賦》云："濁者以飲吾僕，清者以飲吾友。"僕謂我也，或以爲奴僕，誤矣。

三一、西子歸宿

《吳越春秋》云："吳國亡西子被殺。"^② 杜牧之詩云：

---

① "渭"，原作"謂"，《新唐書》卷一六傳渭乃唐大曆間人，錢校本、吳校本、繆校本、孔校本據改，今從。
② "亡"，原脫，據錢校本、繆校本、孔校本補。

23

"西子下姑蘇，一舸逐鴟夷。"東坡詞云："五湖聞道，① 扁舟歸去，仍攜西子。"予問王性之，性之云："西子自下姑蘇，一舸自逐范蠡，遂爲兩義，不可云范蠡將西子去也。"嘗疑之，別無所據。因觀唐《景龍文館記》宋之問分題得《浣紗篇》云："越女顏如花，越王聞浣紗。國微不自寵，獻作吳宮娃。山藪半潛匿，苧羅更蒙遮。一行霸勾踐，再笑傾夫差。艷色奪常人，效顰亦相誇。一朝還舊都，靚妝尋若耶。鳥驚入松綱，② 魚畏沉荷花。始覺冶容妄，③ 方悟群心邪。"④ 此詩云復還會稽，又與前不同，當更詳考。

三二、石經

蔡中郎《石經》：漢靈帝熹平四年，邕以古文、篆、隸三體書五經，刻石於太學。至魏正始中，又爲《一字石經》，相承謂之七經正字。《唐志》又有《今字論語》二卷，豈邕五經之外，復有此乎？《隋》《經籍志》，凡言《一字石經》，

---

① "聞"，孔校本作"間"。
② "綱"，原作"蘿"，據《全唐詩》卷五一、《唐詩紀事》卷一一、繆校本、孔校本改。
③ "妄"，原作"妾"，據《唐詩紀事》《全唐詩》、孔校本改。
④ "悟"，原作"悮"，《全唐詩》、吳校本、繆校本、孔校本作"悟"，詞話本作"誤"，按，"悟"是。

皆魏世所爲。有《一字論語》二卷，不言作者之名，遂以爲邕所作，恐《唐史》誤。北齊遷邕《石經》於鄴都，至河濱，岸崩，石没於水者幾半。隋開皇中，又自鄴運入長安，尋兵亂廢棄。唐初，魏鄭公鳩集所餘，十不獲一，而傳拓之本，猶存秘府。當時《一字石經》猶數十卷，《三字石經》止數卷而已。由是知漢《石經》之亡久矣。魏《石經》近世猶存，堙滅殆盡。①

往年，洛陽守因閲營造司所棄碎石，識而取之，② 凡得《尚書》《論語》《儀禮》，合數十段。又有《公羊》碑一段，在長安，其上馬日磾等所正定之本，據《洛陽記》日磾等題名，本在《禮記》碑，③ 而日磾乃在《公羊》碑，④ 益知非邕所爲也。《尚書》《論語》之文，今多不同，非孔安國、鄭康成所傳之本也。獨《公羊》當時無他本，故其文與今文無異。然皆殘缺已甚。

宋敏求《洛陽記》云：漢靈帝詔諸儒正定五經刊石。熹平四年，蔡邕與五官中郎將堂谿典、光禄大夫楊賜、諫議大

---

① “堙”，繆校本作“埋”。
② “取”，吳校本、繆校本、孔校本作“收”。
③ “碑”，原脱，據《後漢書》卷六〇下《蔡邕傳》注引《洛陽記》、吳校本、繆校本、孔校本補。
④ “乃”上，《蔡邕傳》注文引《洛陽記》、吳校本、繆校本、孔校本無“日磾”二字。

夫馬日磾、①議郎張訓、韓説、太史令單揚等奏定六經刊於碑後，諸儒晚學，咸取正焉。及碑始立，其觀視及筆寫者，車乘日千餘兩，填塞街衢。其碑爲古文、篆、隸三體，立太學門外。又云：魏正始中，立篆、隸、古文《三字石經》，又刊文帝《典論》六碑，附其次於太學，又非前所謂《一字石經》也。

又，晋《石經》，隸書，至東魏孝靜遷於鄴，世所傳《一字石經》，即晋隸書，又非魏碑也。今漢碑不存，晋、魏《石經》亦繆謂之蔡邕字矣。唐秘書省内有蔡邕《石經》數十段，後魏末自洛陽徙至東宮，又移將作内坊。貞觀四年，魏徵奏於京師秘書内省置，武后復徙於秘書省，未知其一字與三字也。

三三、寤生

《左氏》：“莊公寤生，驚姜氏，故名曰寤生，遂惡之。”杜預曰：“寐寤而莊公已生，故驚而惡之，甚言其生之易也。”據《風俗通》，不舉寤生子，俗説兒墮地未可開目便能視者，謂之寤生子，妨父母。鄭武公老終天年，姜氏亦然，

---

① “楊賜、諫議大夫”原脱，據《後漢書·蔡邕傳》、孔校本補。

豈有妨父母乎！其說與杜預異。

三四、紹興和旨樓

紹興府軒亭臨街大樓，五通神據之，土人敬事。翟公巽帥越，盡去其神，改爲酒樓。神座下有一大酒字，^①亦非偶然，目爲和旨樓。取《食貨志》"酒酤在官，和旨便人"。

三五、花中三十客

昔張敏叔有《十客圖》，忘其名。^②予長兄伯聲嘗得三十客：^③牡丹爲貴客，梅爲清客，蘭爲幽客，桃爲妖客，杏爲艷客，蓮爲溪客，木犀爲巖客，海棠爲蜀客，躑躅爲山客，梨爲淡客，瑞香爲閨客，菊爲壽客，木芙蓉爲醉客，酴醾爲才客，臘梅爲寒客，瓊花爲仙客，素馨爲韻客，丁香爲情客，葵爲忠客，含笑爲佞客，^④楊花爲狂客，玫瑰爲刺客，月季爲癡客，木槿爲時客，安石榴爲村客，鼓子花爲田客，棣棠

---

① "座"，繆校本作"坐"。
② "忘"，說郛本、吳校本、繆校本作"不記"。
③ "嘗"，繆校本作"常"。
④ "含"，學津本作"舍"。

爲俗客，曼陀羅爲惡客，① 孤燈爲窮客，棠梨爲鬼客。

三六、古冢亭題詩

襄漢隱者，躬耕數畝，因古冢爲亭，往來題詩甚富。一日，柱間得一絶，相傳吕公作也："冢上爲亭鬼莫嗔，冢頭人即冢中人。憑欄莫起存亡意，除却虚空總是塵。"

三七、洛中董氏琴

長兄伯聲云：洛中董氏蓄雷琴一張，② 中題云："山虚水深，萬籟蕭蕭。古無人踪，惟石樵嶢。"狀其聲也。其外漆下隱有朱書云："洛水多清泚，崧高有白雲。聖朝容隱逸，時得咏南薰。"此詩今見《宋之問集》。

三八、滕達道雷琴

滕達道蓄雷威琴，中題云："石山孫枝，樣剪伏羲。將扶大隱，永契神機。"徐浩書，字類石經，今歸居氏矣。

---

① "曼"，説郛本作"蔓"。
② "雷"，按"雷"指雷威，唐代著名制琴匠師。

三九、大曆琴

嘗見一琴，中題云："唐大曆三年仲夏十二日，西蜀雷威於雜花亭合。"

四〇、莫承之琴

莫承之琴池之側，有隸字云："中平四年，逐客蔡邕吳中斲。"①

四一、忘味琴

李巽伯云：先公得雷威琴，錢氏物也。中題云"嶧陽孫枝，匠成雅器。一聽秋堂，三月忘味"。故號忘味云。爲當代第一。

---

① "斲"，錢校本、吳校本、繆校本作"斫"；"斲"下，孔校本有"斫"字。

四二、澠邑古琴

長兄伯聲云：昔至澠邑，獲一古琴，中題云"合雅大樂，成文正音。徽弦一泛，山水俱深。雷威斲，① 歐陽詢書"。陝郊處士魏野家藏，後歸澠人溫氏。予得之，喜而不寐。野嘗有詩云："棋退難饒客，琴生却問兒。"聲又過忘味云。

四三、僧智和琴

橋李僧智和蓄一琴，雲和樣，天池上題云："南溟夷島產木，有堅如石文橫銀屑者，夷名曰伽陀羅。余愛其堅，又貴其異，遂用作此。臨岳製。"五行，行七字，下橫四字"李陽冰書"。後智和亡，② 没官，乃入樂府，遂入禁中。或云蔡叔羽以錢五萬得之，安矣。

四四、趙彥安琴

伊南田户店貧簹谷隱士趙彥安獲一琴，斷文奇古，真蛇

① "斲"，錢校本、吳校本、繆校本、孔校本作"斫"，下同。
② "亡"，原作"云"，據錢校本、吳校本改。

蚘也，聲韻雄遠。中題云"霧中山"三字，人莫曉也。後得
《蜀郡草堂聞話》，中載云"雷氏斷琴，多在峨眉、無爲、霧
中三山"，方知爲雷琴矣。

四五、何都巡古鏡

何都巡出古鏡，背龜紐以蓮葉承之，左右彈琴仙人，一
鳳皇對舞。蒂有銘云："對鳳皇舞，鑄黃金蒂。陰陽各有配，
日月恒相會。白玉芙蓉匣，翠羽瓊瑶帶。同心人，心相親，
照心照膽保千春。"

四六、李晦之鏡

李晦之一鏡，背有八柱十二獸，面微凸，蒂有銘云："尚
方佳貢大毋傷，左龍右虎辟牛羊，朱鳥玄武順陰陽，子孫備
具居中央，長保二親樂富昌。"

四七、鐘樣鏡

近見一鏡，如鐘樣，鼻有大環，有隸字云"一生有十口，
前牛無角，後走有口"十三字，下有一虎。其字恐甲午字

謎也。

四八、夾鏡

近得一夾鏡，大鼻，叩之中虛。有冠劍四人，一題忠臣伍子胥，一吳王，一越王，一范蠡；又二婦人，云越王二女。皆小隸字，製作奇古。沈存中云："夾鏡最難得。"

四九、唐會要寫軸

宣和貴人家，有寫《唐會要》一軸，係第七卷，後題行官楊小瑛書，字畫頗佳。其《議山陵疏》中稱虞世南者至再。① 上疏則不稱姓，止云世南。

五〇、樹萱録引杜詩②

《樹萱録》引杜詩云："虬鬚似太宗，色映寒谷春。"又云："子章髑髏血模糊，懷中瀉出呈大夫。"③

---

① "稱"上，吳校本、繆校本、孔校本有"有"字。
② 此條原無，錢校本、吳校本、陸校本、繆校本、孔校本據影宋本補，今從。
③ "夫"，原脫，據《九家集注杜詩》卷七《戲作花卿歌》、孔校本補。

五一、當句對

李商隱有當句對詩云："密邇平陽接上蘭，秦樓鴛瓦漢宮盤。池光不定花光亂，日氣初涵露氣乾。"亦有當句對而兩句不對者，如陸龜蒙詩云："但説漱流並枕石，不辭蟬腹與龜腸。"

五二、齊斧

齊斧。虞喜《志林》："齊，側階切。① 凡師出，齊戒入廟受斧，② 故云齊也。"③ 陳琳云："腰領不足以膏齊斧。"服虔注云："《易》：'喪其資斧。'"張晏云："斧，鉞也，以整齊天下。"應劭云："齊，利也。蕭斧，或云越斧也。"④《淮南子》云："磨蕭斧以伐朝菌。"蕭之義未詳。《太平御覽》引《漢書·王莽傳》："喪其齊斧。"⑤ 音齊。⑥

---

① "側"上，吳校本有"音"字。
② "齊"，説郛本作"齋"，吳校本作"音"。
③ "齊"，説郛本作"齋"。
④ "越斧"，説郛本作"鉞"。
⑤ "齊"，説郛本作"齋"。
⑥ "齊"，四庫本、孔校本作"齋"。

五三、豵

劉夢得詩有“杯前膽不豵”，趙飈有“吞船酒膽豵”，《禮部韻》《唐韻》並無。《集韻》在山字韻，音呼關切，頑也。①

五四、魚逆水上

魚皆逆水上，近有詞云：“江水東流郎又西，問尺素何由到。”似非也。② 古樂府《緩聲歌》云：“思東流之水，必有西上之魚。”

五五、東坡介甫同句

“大木百圍生遠籟，朱弦三嘆有遺音。”東坡、介甫皆有此句。

---

① “頑”，錢校本、吳校本作“頑”。
② “也”，繆校本無此字。

五六、東坡詩用太白句

東坡詩云："仙人撫我頂，結髮授長生。"李太白詩也。

五七、自衒自媒出處

梁昭明《淵明集叙》曰："自衒自媒者，① 士女之醜行。"此二句出陳思王《求自試表》。李善注云："《越絕書》：范蠡自楚之越，越王與言盡日。大夫石賈進曰：'衒女不貞，② 衒士不信，客歷諸侯，無因自致，非真賢也。'"

五八、八蠶之綿

李商隱《燒香曲》云："八蠶繭綿小分炷，獸焰微紅隔雲母。"左太沖《吳都賦》云："鄉貢八蠶之綿。"注云："有蠶一歲八育。"《雲南志》云："風土多暖，至有八蠶。"言蠶養至第八次，不中爲絲，只可作綿，故云"八蠶之綿"。

---

① "衒"，程校本作"炫"。
② "衒女不貞"原脱，據《文選》卷三七曹植《求自試表》注文、錢校本、繆校本、孔校本補。

五九、讎書

劉向《別録》云：讎校書，一人持本，一人讀對，若怨家，故曰讎書。

六〇、許渾詩誤入杜牧之集

世傳《樊川別集》爲杜牧之詩，乃許渾詩。渾有《丁卯集》烏絲欄上本者，唐彥猷家有數十首，皆《樊川外集》中詩也。丁卯乃潤州城南橋名。渾居橋北，①謂之丁卯莊。故基尚在。

六一、杜詩弩影出處

杜甫詩云："弩影落杯中。"②《風俗通》：應彬爲汲令，請主簿杜宣，賜酒，壁上有懸赤弩，照於杯中，形如蛇。宣惡之，謂蛇入腹，遂病。後至其故處，知弩影，遂解。與廣

---

① "橋北"，原作"北橋"，據繆校本、孔校本乙正。
② "弩影落杯中"下，繆校本接"會稽碑論潮"。

客事相類。梁簡文《臥疾》詩云："沉痾類弩影。"①

六二、麴塵乃鞠塵之誤

劉禹錫"龍墀遙望麴塵絲"。使"麴塵"字者極多。《禮記·月令》："薦鞠衣於上帝,② 告桑事。"注云："如鞠塵色。"《周禮·內司服》："鞠衣。"鄭司農云："鞠衣,黃桑服也。色如鞠塵,象桑葉始生。"乃知用"麴蘗"字非是。

六三、杜詩有所本

杜甫《月》詩云："塵匣元開鏡,風簾自上鈎。"乃用沈雲卿《月》詩:"臺前疑挂鏡,簾外自懸鈎。"③ 又云:"春水船如天上坐。"沈云:"人如天上坐,魚似鏡中懸。"又云:"嫩蕊濃花滿目斑。"沈云:"園花玳瑁斑。"雖一字,亦有所本也。④

---

① 此條繆校本注:"疑而致疾,只是見理未透。"
② "鞠",孔校本作"鞠",與下句中的"鞠"同作"鞠"。
③ 《全唐詩》卷一一三題目作"咏月"。
④ 此條繆校本注:"下接會稽碑論海潮。"

六四、牧護歌

山谷《題牧護歌後》云："向常問南方衲子,① 《牧護》是何種語,② 皆不能説。後見劉夢得作夔州刺史,③ 樂府有《牧護歌》,似是賽神語,④ 亦不可解。⑤ 及來黔中,⑥ 聞賽神者夜歌'聽説儂家牧護',⑦ 末云'奠酒燒錢歸去',雖長短不同,要皆自叙五七十語。⑧ 乃知蘇溪、夔州故作此歌,⑨ 學巴人曲,猶石頭學魏伯陽作《參同契》也。"

予長兄伯聲,嘗考火袄字,⑩ 其畫從夭,胡神也,音醯堅切,教法佛經所謂摩醯首羅也。本起大波斯國,號蘇魯支,有弟子名玄真,習師之法,居波斯國大總長如火山,後行化於中國。

宋次道《東京記》："寧遠坊有袄神廟。"注云:《四夷朝

---

① "常",《山谷集》作"嘗"。
② "牧"上,《山谷集》有"云"字;"種",《山谷集》作"等"。
③ "見"上,《山谷集》有"聞"字;"史"下,《山谷集》有"時"字。
④ "語",《山谷集》作"曲"。
⑤ "亦",《山谷集》作"然"。
⑥ "來",《山谷集》作"在"。
⑦ "聽"上,《山谷集》有"乃云"。
⑧ "七",《山谷集》作"方"字。
⑨ "溪",《山谷集》作"侯";"夔",《山谷集》作"嘉";"故"上,《山谷集》有"人"字。
⑩ "袄",音 xiān,指袄教,不作妖的異體字,下同。

貢圖》云："康國有神名祆，畢國有火祆祠。疑因是建廟。或傳晉戎亂華時立此。"又據杜預《左傳注》云："睢受汴，東經陳留、梁、譙、彭城入泗。此水次有祆神，皆社祠之。蓋殺人而用祭也。"此即火祆之神，其來蓋久。

至唐貞觀五年，有傳法穆護何禄，將祆教詣闕聞奏，敕令長安崇化坊立祆寺，號大秦寺，又名波斯寺。至天寶四年七月，敕："波斯經教，出自大秦，傳習而來，久行中國，爰初建寺，因以爲名，將以示人，必循其本，其兩京波斯寺，宜改爲大秦寺，天下諸州郡有者準此。"

武宗毁浮圖，籍僧爲民。會昌五年敕：大秦穆護火祆等六十餘人，並放還俗。① 然而根株未盡，② 宋公言祆立廟，出於胡俗，而未必究其即波斯教法也。

又嘗見《官品令》，有祆正。祆法初來，以鴻臚寺爲禮遠令邸，後世因用以僧尼隸焉。設官來歷如此。祆之有正，想在唐室。

段成式《酉陽雜俎》："孝億國界三千餘里，舉俗事祆，不識佛法，有祆祠三千餘所。"又："銅馬俱在德建國烏滸河中，③ 灘流中有火祆祠，相傳祆神本自波斯國乘神通來，因

---

① "放"，繆校本作"敕"。
② "株"，吳校本、繆校本作"荄"。
③ "烏"，繆校本、孔校本作"鳥"，下同。

立祆祠。祠内無像，於大屋下置小廬舍，向西，人向東禮神。有一銅馬，國人言自天而下，屈前足在室中，後足入土，自古數有穿視，竟不及其蹄。西夷以五月爲歲，每歲自烏滸河中有馬出，其色如金，與此銅馬嘶鳴相應，俄復入水。近有大食不信，① 入祆祠，將壞之，忽有火燒其兵，遂不敢毁。”則祆教流行外城，延入中國，蔓衍如此。康國蓋在西。朝貢圖之言，與此合也。

《教坊記》曲名有《牧護子》，② 已播在唐樂府。崇文書有《牧護詞》，乃李燕撰，六言文字，記五行災福之説。則後人因有作語爲《牧護》者，不止巴人曲也。祆之教法蓋遠，而穆護所傳則自唐也。蘇溪作歌之意，正謂旁門小道，似是而非者，因以爲戲，非效《參同契》之比，山谷蓋未深考耳。且祆有祠廟，因作此歌以賽神，固未知劉作歌詩，止效巴人之語，亦自知其源委也。

---

① “不”上，《酉陽雜俎》有“王”字，孔校本據補；“食”，大觀本作“將”。
② “子”，原作“字”，據錢校本、吳校本、繆校本、孔校本改，孔按唐樂曲以子名，如《何滿子》,《元稹集》有《何滿子歌》,《教坊記》有《穆（牧）護子》。

六五、盧秉鹽法

元豐初，① 盧秉提點兩浙刑獄，會朝廷議鹽法，秉謂：

自錢塘縣楊村場上流，接睦、歙等州，與越州錢清場等，水勢稍淡，以六分爲額。楊村下接仁和縣湯村，爲七分。鹽官場爲八分。並海而東，爲越州餘姚縣石堰場、明州慈溪縣鳴鶴場，皆九分。至岱山、昌國，又東南爲溫州雙穟、南天富、北天富十分。著爲定數。蓋自岱山及二天富，皆取海水煉鹽，② 所謂熬波也。自鳴鶴西南及湯村，則刮鹻以淋鹵，以分記之，十得六七。鹽官湯村用鐵盤，故鹽色青白，而鹽官鹽色或少黑，由曬灰故也。湯村及錢清場織竹爲盤，塗以石灰，故色少黃，竹勢不及鐵，則黃色爲嫩，青白爲上，色黑多鹵，③ 或又有泥石，④ 不宜久停。若石堰以東，雖用竹盤，而鹽色光白，以近海水鹹故爾。

後來法雖小變，公私所便，大抵不易盧法。

---

① “元豐初”，孔校本據施宿《東坡先生年譜》卷上熙寧五年二月紀事：“以檢正中書吏房公事、殿中丞盧秉爲兩浙提刑。”疑爲“熙寧中”之誤。

② “取”，吳校本、繆校本作“收”。

③ “多”上，繆校本有“即”字。

④ “又”，繆校本無此字。

六六、秦誓文

《秦誓文》有三本傳於世：岐陽《告巫咸》、朝那《告大沈》、要册《告亞駞》。① 岐陽之石，在鳳翔府署；朝那之石，在南京蔡梃家；亞駞之石，在洛陽劉沈家。

其言述秦穆公與楚成王遂及熊相背十八世詛盟之罪。以《史記·世家》考之，秦十八世當惠文王，與楚懷王同時，縱橫爭霸，此詛政爲懷王也。懷王十一年，李兑約五國以伐秦，懷王爲從長，《史記》云：“蘇秦約六國伐秦，懷王爲長。是年，魏、韓、趙、燕、楚擊秦，齊獨後。”時蘇秦已死。《戰國策》云李兑，明甚。秦逆擊之，皆引而歸。今文云“熊相率諸侯之兵以臨加我”是也。後五年，懷王忿張儀之詐，發兵攻秦，敗於藍田。文又云“悉興其衆，以逼我邊境”是也。惠王後十三年，王遣庶長章拒楚師，明年大敗之丹陽，遂取楚漢中地六百里。文又云“克剷楚師，復略我邊城”是也。

或以爲熊商時。商與相，聲相近，而事非是。或以爲頃襄時。頃襄王橫立，乃在秦昭王九年，歷惠文、武王至昭王。是時，楚已失郢，微弱已甚，秦何所畏而詛之哉？或以熊相

---

① “駞”，同“馳”，非“駞”異體字。

芈姓。《元和姓纂》有熊相宜僚；又有熊相折，爲懷王將，然亦非是。熊相，疑懷王名。《史記·世家》作槐，當時脱誤，遂不可考。今存古本，① 隨字辨釋，録之於後。②

又秦嗣王敢用吉玉宣璧，③ 使其宗祝邵蘨布憝告於不讀作丕。顯大沈久湫，久，讀作故。湫，音子由反。惡馳，即滹沱河也，④ 在并州。巫咸，在解州鹽池西南。久湫，在安定郡，朝那湫也。以下字多假借。以底楚王熊相之多罪。昔我先君穆公及楚成王，是王之望讀作宴。繆勠力同心，⑤ 兩邦若壹，絑以婚姻，⑥ 衿音之忍反。以齊盟，曰葉萬子孫，⑦ 毋相爲不利，親印仰。大沈久湫而質焉。⑧ 今楚王熊相，康庸。回無道，淫失佚。甚音耽。亂，宣麥古侈字。竟從，縱。變輸渝。盟刺。⑨ 内之鼎古則字，下同。虣音薄報反。虐不姑，⑩ 巫咸、惡馳並作辜字。刑戮孕嚴，婦。幽刺敕親。戚，拘圍其叔父，置者讀詣，下作同。冥室檟棺之中；外之

---

① "古"，吳校本、繆校本、孔校本作"石"。
② "後"下，四庫本有"文"字。
③ "又"，吳校本、繆校本注："通作有。"
④ "即"，繆校本注："抄無即字。"
⑤ "勠"，津逮本、孔校本作小字注文。
⑥ "絑"，《蘇軾詩集》卷三《鳳翔八觀詛楚文》注文、津逮本、錢校本、吳校本、繆校本、孔校本作"絆"。
⑦ "葉萬"，《蘇軾詩集》注文、四庫本作"萬葉"。
⑧ "印"，錢校本、大觀本、薛校本作"卬"。
⑨ "縱"，原在正文，據文意應爲小字注文；"渝"，原在正文，津逮本、孔校本作小字注文，據改；"刺"，《蘇軾詩集》注文、四庫本、孔校本作"制"。
⑩ "虐"，原作"虛"，據《蘇軾詩集》注文、錢校本、吳校本、繆校本、孔校本改。

則冒改久心，不畏皇天上帝及大沈久湫之光列烈。威神，而兼倍十八世之詛盟，率諸侯之兵，以臨加我，欲剗伐社稷，伐威音許劣反我百姓，求蔑法皇天上帝及大沈久湫之恤祠圭玉羲犧。牲，① 逑取悟古我字。邊我新郢音皇，縣名。及郊長敦，我不敢曰可。今又悉興其衆，張矜意音力反滿於也，籀文。怒，飾甲底兵，奮士盛師，以逼我邊兢，境。將欲復其跽迹。唯是秦邦之羸衆敝賦，鞈讀作韐。輸音俞。棧輿，禮使介老將之以自救也。《巫咸》《亞馳》作叚，古也字。亦應尋讀作受。皇天上帝及大沈久湫之威靈德賜，克劑音遵爲反。《爾雅》云：剪，齊也。《巫咸》作劗字，古剃字。《亞馳》作劑字。古尸字克字。巫咸作"克劗楚，楚且復略我邊城"，無師字注。楚師，且復略我邊城，敢數楚王之倍盟犯詛，② 箸著。者石章，以盟大神之威神。

六七、小學書目

杜鄴子夏尤長小學。小學，謂文字之學也。《周禮》："八歲入小學，保氏教國子以六書。"故因名云。鄴子林好古有雅才，建武中，歷位列卿，至大司空，其正文字過於鄴，故言小學者宗於杜林。

---

① "蔑"，原作"篾"，據《蘇軾詩集》注文、繆校本、孔校本改。
② 繆校本注："楚王下別本有熊相二字。"

《三蒼》：《蒼頡篇》①《訓纂篇》《傍喜篇》。《三蒼》一卷，郭璞注；秦相李斯作《蒼頡篇》，揚雄作《訓纂篇》，後漢郎中賈魴作《滂喜篇》，故曰《三蒼》；梁有《蒼頡》二卷，杜林注：見《隋》《經籍志》。又，《小學篇》一卷，晉下邳內史王義撰。又，《少學》九篇，楊方撰。《始字》一卷。《勸學》一卷，② 蔡邕撰。司馬相如作《凡將篇》，班固《太甲篇》《在昔篇》，崔瑗《飛龍篇》，蔡邕《聖皇篇》《黃初篇》《吳章篇》，蔡邕《女史篇》，合八卷；又《幼學》二卷，朱育撰；《始學》十二卷，吳郎中項峻撰；又《月儀》十二卷，亡。《發蒙記》一卷，晉著作佐郎束晳撰；張揖《字詁》。

《漢·張衡傳》注有《蒼頡篇》。《漢·安紀》注云："《蒼頡篇》云：邸，舍也。"又曰："帝年十歲，好學史書。"注云："史書者，周宣王太史籀所作之書也，凡五十五篇，以教童蒙。"《魏·王粲傳》云："邯鄲淳博學有才章，善蒼雅蟲篆。"《通典》云："《漢官儀》云：能通《蒼頡》《史籀篇》，補蘭臺令史，滿歲爲尚書郎。"《法言》："學《蒼頡史篇》。"注謂多知奇難之字。

《三蒼訓詁》三卷，《埤蒼》二卷，並張揖撰。《廣蒼》

---

① "蒼"，繆校本作"倉"，下同。
② "勸"，學津本、孔校本作"勤"。

一卷，樊恭撰。見《唐》《經籍志》。又有《氏字指》，① 何
承天《纂文》，② 有呂忱《字林》、郭璞《三蒼解詁》、阮孝
緒《字略》。

六八、益州石筍

杜甫《石筍行》云："君不見益州城西門，陌上石筍雙
高蹲。古來相傳是海眼，苔蘚蝕盡波濤痕。雨多往往得瑟瑟，
此事恍惚難明論。恐是昔時卿相墓，立石爲表今仍存。"

范曄《後漢書·方術·任文公傳》："公孫述時，武擔石
折。③ 文公曰：'西州智士死，我乃當之。'三月，果卒。"唐
章懷太子賢注云："武擔山，在今益州成都縣北百二十步。揚
雄《蜀王本紀》云：'武都丈夫化爲女子，颜色美絶，蓋山
精也。蜀王納以爲妃。無幾，物故，乃發卒之成都擔土，葬
於成都郭中，號曰武擔。以石作鏡一枚，表其墓。'《華陽國
志》曰：'王哀念之，遣五丁之成都擔土，爲妃作冢，蓋地
數畝，高七丈。其石今俗名爲石筍。'"

---

① "氏字指"，孔校本按《舊唐書》卷四六《經籍志》上、《新唐書》卷五七《藝
文志》有郭訓《字旨篇》一卷，無"氏字指"。
② "文"，原作"又"，孔校本按《舊唐書》《新唐書》均有何承天《纂文》三卷，
改作"文"，今從。
③ "石"，原作"山"，據《後漢書》卷八二上《任文公傳》、孔校本改。

又《梁益紀》云："石筍二，在子城西門外。"按《圖經》，在少城中夏門外一百五十步，曾折，再立之，各高丈餘，圍六七尺，云其下是海眼，①即非也。或云古誓蜀之碑。舊説昔爲大秦寺，其門樓十間，皆以真珠翠碧貫之爲簾。後毀，此其遺迹。每雨後，人多拾得珠翠異物。章懷太子賢乃高宗第六子，注《漢書》在儀鳳中，豈杜甫作詩時，《漢注》未傳耶？抑老杜流寓四方，未之見耶？或見而不以賢言爲然耶？

《西陽雜俎》：蜀石筍街，夏中大雨，往往得雜色小珠，俗謂之地當海眼，莫知其故。故蜀僧惠巖曰："《前史》説蜀少城飾以金璧珠翠，桓温怒其太侈，焚之。今在此地，或拾得小珠，時有孔者。"得非是乎？《博雅》："瑟瑟，碧珠也。"《杜陽編》有瑟瑟墓，其色輕明虛薄，無與爲比。

六九、梁父吟取意

《樂府解題》有《梁父吟》。②　《蜀志·諸葛亮傳》云："亮躬耕隴畝，好爲《梁父吟》。"《藝文類聚·吟門》云：

---

① "是"上，四庫本、孔校本有"即"字。
② "吟"，學津本作"孝"。

"《蜀志》諸葛亮《梁父吟》云：步出齊城門，① 遥望蕩陰里。里中有三墳，纍纍正相似。問是誰家冢？田彊古冶氏。力能排南山，又能絶地紀。一朝被讒言，二桃殺三士。誰能爲此謀？② 相國齊晏子。"又《青州圖經·臨淄縣冢墓門》云："三士冢，在縣南一里，三墳周圍一里，高二丈六尺。"張朏《齊記》云：是烈士公孫捷、田開彊、古冶子三士冢，所謂"二桃殺三士"者。

唐褚亮《梁甫吟》曰："步出齊城門，遥望蕩陰里。里内有三墳，纍纍皆相似。借問誰家冢？田彊古冶子。"李白有《梁甫吟》一篇，云："力排南山三壯士，齊相殺之費二桃。"杜甫《李邕登歷下亭》云："不阻蓬蓽興，得兼《梁父吟》。"③ 又《登樓》詩云："可憐後主還祠廟，日暮聊爲《梁父吟》。"

陸士衡《擬今日良燕會》云："齊僮《梁父吟》。"④ 李善注云："蔡邕《琴頌》曰：'梁父悲吟。'"不知名爲《梁父吟》何義。張衡《四愁詩》云："欲往從之梁父艱。"注云："泰山，東嶽也。君有德，則封此山。願輔佐君王，致於有

---

① "步"，《永樂大典》卷一三四五三、繆校本、孔校本作"日"。
② "謀"，原作"誅"，據錢校本、吳校本、學津本、大觀本、孔校本改。
③ 《杜工部詩集》卷一標題作《登歷下古城員外新亭》，草堂諸本作《同李太守登歷下古城員外新亭，亭對鵲湖》。
④ 繆校本注："良燕會下抄本重一云字。"

德，而爲小人讒邪之所阻。梁父，泰山下小山名。"諸葛亮好爲《梁父吟》，恐取此意。

七〇、能大師

唐李舟作《能大師傳》：五祖弘忍告之曰："汝緣在南方，官往教授，持此袈裟，以爲法信。"一夕南逝。忍公自此言説稍稀，時謂人曰："吾道南矣。"時人未之悟。壬申，公滅度後，諸弟子求衣不獲，始相謂曰："此非盧行者所得耶？"使人追之，已去。及大師歸至曹溪，追者未至，遂隱於四會、懷集之間，不言雞足峰前提不起事。

杜甫《秋日夔府咏懷》有"身寄雙峰寺，門依七祖禪"。① 鮑欽止注云："第五祖弘忍，在蘄州東山開法，有二弟子，一慧能，受衣法居嶺南，爲六祖；一神秀，在北揚化。"引《傳燈録》云：北宗神秀禪師，尉氏人，訪道至蘄州雙峰東山寺，遇五祖忍師，以坐禪爲務，乃嘆服，曰："此真吾師也。"其後，神秀門人普寂立其師爲六祖，而自稱七祖。

因檢《傳燈録》，神秀法嗣有《嵩山普寂禪師無機緣

---

① 《杜工部詩集》卷十四標題作《秋日夔府咏懷奉寄鄭監李賓客一百韻》。

語》。① 《神秀録》云："門人普寂、義福等，② 並爲朝野所重。"《江西志・徹録》云："自南北分宗，北宗門人自立秀師爲第六祖。"但不見普寂自稱七祖事耳。

按《寶林傳》："第三十一祖道信大師，姓司馬氏，本居河南，③ 還於蘄州廣濟，④ 而生隋開皇中，從璨大師受業。至唐武德七年甲申歲，往蘄州破頭山。至貞觀中，⑤ 方改爲雙峰山。第三十二祖弘忍，七歲出家，事信。"又云："能大師傳法衣處，在曹溪寶林寺。寶林後枕雙峰。咸亨中，⑥ 有晋武侯玄孫曹叔良者，⑦ 住在雙峰山寶林寺左，時人呼爲雙峰曹侯溪。至儀鳳中，叔良惠地於大師。自開元、天寶、大曆以來，時人乃號六祖爲雙峰和尚。天監二年，韶陽太守侯敬

---

① "語"下，《四部叢刊》三編影印宋刊本《景德傳燈録》卷四、吳校本、繆校本、孔校本有"句"字。

② "義"上，原有"居"字，《景德傳燈録》卷四作"門人普寂義福等"，津逮本、繆校本、孔校本據删，今從。

③ "南"，孔校本按《五燈會元》卷一四《祖道信大醫禪師》《輿地紀勝》卷四七《淮南西路蘄州仙釋唐四祖道信禪師》，疑"内"爲是。

④ 孔校本按《五燈會元》《輿地紀勝》均有道信"後徙於蘄州廣濟縣"之語，疑"還"爲"遷"之誤。

⑤ "貞"，原作"真"，避諱。

⑥ "亨"，原作"淳"，據《五燈會元》卷一《五祖弘忍大滿禪師》《六祖慧能大鑑大師》、孔校本改。

⑦ 孔校本據《九家集注杜詩》卷二九注文引《釋氏要覽》："曹溪在韶州雙峰寺下，昔晋武侯曹叔良宅也。"清道光十六年懷善堂重刻《曹溪通志》卷一《建制規模》有"魏武玄孫曹叔良避地居此"之語；同上卷《古迹》附《曹侯村》亦有"魏武帝玄孫曹叔良所居"之語，似"晋武侯"爲"魏武帝"之誤，疑此處有文字訛脱。

中奏請爲寶林寺。唐中宗改中興寺，神龍中改爲廣果，開元中改爲建興，上元中改國寧。”

《傳》後題云：“《安南越記》：晋初，南方不賓，敕授恒山立曹溪爲鎮界將軍，兼知平南總管。晋室復，後封曹侯爲異姓王，居石角、雙峰二嶠之間。自儀鳳二年，叔良惠地於大師，願陪貴寺，方呼爲雙峰曹侯大師也。”

七一、宋齊丘鳳臺山亭子詩

紹興壬子夏，隨侍先公應副都督，駐軍建康，寓保寧寺，登鳳凰臺，[①] 有小碑在亭上，云：

“五言三十韻詩一首，題《鳳臺山亭子，陳獻司空》[②]，鄉貢進士宋齊丘上：嵯峨壓洪泉，牢峇撑碧落。宜哉秦始皇，不驅亦不鑿。上有布政臺，八顧皆城郭。山蹙龍虎健，水黑螭蜃作。白虹欲吞人，赤驥相搏攫。畫棟泥金碧，石路盤嶢埆。倒挂哭月猿，危立思天鶴。鑿池養蛟龍，栽桐栖鷺鷟。[③] 梁間燕教雛，石罅蛇懸殼。養花如養賢，去草如去惡。日晚嚴城鼓，風來蕭寺鐸。掃地驅塵埃，剪蒿除鳥雀。金桃帶葉

① “鳳”，繆校本作“皇”。
② 《全唐詩》卷七三八標題作《陪游鳳凰臺獻詩》。
③ “鷺鷟”，原誤倒，據《全唐詩》卷七三八改。

摘，綠李和衣嚼。① 貞竹無盛衰，媚柳先搖落。塵飛景陽井，草合臨春閣。芙蓉如佳人，回首似調謔。當軒有直道，無人肯駐腳。夜半鼠窸窣，天陰鬼敲椓。松孤不易立，② 石醜難安着。自憐啄木鳥，去蠹終不錯。晚風吹梧桐，樹頭鳴嘍嘍。峨峨江令石，青苔何淡薄。不話興亡事，舉首思渺邈。吁哉未到此，褊劣同尺蠖。籠鶴羨鳧毛，猛虎愛蝸角。一日賢太守，與我觀橐籥。往往獨自語，天帝相唯諾。風雲偶不來，寰宇銷一略。我欲烹長鯨，四海爲鼎鑊。我欲取大鵬，天地爲繒繳。安得長羽翰，雄飛上寥廓！"

後題云：

"前朝天祐八年二月二十一日題，後唐昇元三年二月八日奉敕勒石，崇英殿副使知院事檢校工部尚書兼御史大夫、上柱國王紹顏奉敕書，銀青光禄大夫兼監察御史王仁壽鐫，大宋治平四年九月望日，重摹上石。"③

後數月，一夕風雨，亭頹倒，石斷裂。

據《湘山野録》載："宋齊丘相江南李先主璟，④ 二世皆爲左僕射。璟愛其才，而知其不正。嘗獻《鳳凰臺詩》，中有'我欲烹長鯨，四海爲鼎鑊。我欲羅鳳凰，天地爲繒繳'

---

① "衣"，原作"皮"，據《全唐詩》卷七三八、繆校本、孔校本改。
② "孤"，原作"枯"，據《全唐詩》卷七三八、繆校本、孔校本改。
③ "摹"，繆校本作"模"。
④ "璟"上，《湘山野録》卷下有"昇及事中主"五字，孔校本據補。

之句，皆欲諷其跋扈也，而主終不聽。不得意，上表乞歸九華，其略云：‘千秋載籍，願爲知足之人；九朵峰巒，永作乞骸之客。’主知其詐也。”

試考之。先主昇，① 舊名知誥，爲徐温養子。以天祐九年遷升州刺史，饒洞天薦宋齊丘於先主。齊丘困於逆旅，鄰娟魏氏女竊賂遺數縑，獲備管幅，遂克投贄，一見，先主賓之以國士。今觀題《鳳臺山亭子詩，陳獻司空》，乃鄉貢進士時，豈當時所投贄之詩乎？② 後題天祐八年，恐記事者差一年也。

齊丘後事先主爲相，至嗣主時爲太傅，多植朋黨，以專朝權，躁進之士多附之。陳覺、李徵古之徒，恃其勢猶驕慢。③ 徵古嘗勸後主因天變遜位齊丘，賴陳喬以爲不可，後主乃止。鍾模以李德明之死怨齊丘，及奉使歸唐，以陳覺矯周帝之命斬嚴續事言於唐主，唐主命殷崇義草詔暴齊丘等事，④ 聽歸九華舊隱，官爵悉如故。後命鎖其第，穴牆給食。齊丘嘆曰：“吾嘗謀讓皇族於泰州，宜其及此。”乃縊而死，諡曰繆醜。《野録》載其跋扈，主終不聽，上表乞歸九華，謬矣。

---

① “昇”，原作“昇”，據《湘山野録》、繆校本、孔校本改。
② “詩”，原作“時”，據吳校本、繆校本、孔校本改。
③ “猶”，孔校本作“尤”。
④ “唐主”，津逮本、四庫本、程校本無此二字；“詔”上，孔校本無“草”字。

七二、揄抌舀

《生民》詩：“或春或揄，或簸或蹂。”注云：“揄，抒米以出臼也。”箋云：“春而抒出之。”《周官·春人》：“女春二人。”① 鄭注云：“抌，抒臼也。《詩》云：‘或春或抌。’音由，又音揄，② 或羊笑反。揄，時女反。”據許叔重《說文》：“揄，引也，羊朱切。”“抒，把也，神與切。”“舀，抒臼也。從爪臼。”引《詩》云：“或簸或舀。”又作抌、𦥑，音以治切。③ 又《集韻》：抌、舀、揄，並音由。又抌、舀，音以紹切。緣《詩》揄與舀並音由，義亦同，故後人改舀爲蹂也。音以沼者，乃今人以手舀物之舀也。

七三、北苑茶④

建州龍焙，面北，謂之北苑。有一泉，極清淡，謂之御

---

① “春”下，學津本、孔校本有“抌”字。
② “揄”，大觀本、孔校本作“揄”。
③ “治”，學津本、孔校本作“沼”。
④ 此條繆校本注：“此茶之香味必佳，恨不得一嘗耳。然不知今之建州尚有此茶否。”

54

泉。用其池水造茶，即壞茶味。① 唯龍園勝雪、白茶二種，謂之水芽。先蒸後揀，每一芽，先去外兩小葉，謂之烏帶。② 又次取兩嫩葉，謂之白合。③ 留小心芽置於水中，呼爲水芽。聚之稍多，即研焙爲二品，即龍園勝雪、白茶也。茶之極精好者，無出於此。每胯計工價近三十千。其他茶雖好，皆先揀而後蒸研，其味次第減也。

茶有十綱。第一、第二綱太嫩，第三綱最妙，④ 自六綱至十綱，小團至大團而止。第一名曰試新。第二名曰貢新。第三名有十六色：龍園勝雪、白茶、萬壽龍芽、御苑玉芽、上林第一、乙夜供清、龍鳳英華、玉除清賞、承平雅玩、啓沃承恩、雪葉、⑤ 雪英、蜀葵、⑥ 金錢、玉華、千金。⑦ 第四有十二色：無比壽芽、宜年寶玉、玉清慶雲、無彊壽龍、萬春銀葉、玉葉長春、瑞雪翔龍、⑧ 長壽玉圭、香口焙、興國巖、上品揀芽、新收揀芽。第五次有十二色：太平嘉瑞、龍苑報春、南山應瑞、興國巖小龍、又小鳳、續入額、御苑玉

---

① “即”，四庫本作“不”，孔校本疑作“不”，是。
② “帶”，吳校本、繆校本、孔校本作“蒂”。
③ “白”，學津本、孔校本作“白”。
④ “綱”，繆校本作“茶”。
⑤ “雪”，繆校本作“雲”。
⑥ “葵”，原作“蔡”，據錢校本、吳校本、繆校本、孔校本改。
⑦ “千”，錢校本、吳校本、繆校本、孔校本作“寸”。
⑧ “翔”上，繆校本有“雲”字。

芽、萬壽龍芽、無比壽芽、瑞雪翔龍、① 先春太平嘉瑞、長壽玉圭。已下五綱，皆大小團也。②

七四、餂

孟子曰："士未可以言而言，是以言餂之也；可以言而不言，是以不言餂之也。是皆穿窬之類也。"

趙岐注云："未可與言而強與之言，欲以言取之也，是失言也。知賢人可與言，反欲以不言取之，是失人也。"章指注云："取人不失其臧否。"孫奭《音義》曰："今按古本及諸書並無此餂字。"郭璞《方言注》云："音忝，謂挑取物也，其字從金。"今其字從食，與《方言》不同，蓋傳寫誤也。本亦作餂，③ 音奴兼反。按《玉篇》，食字部有餂字。注：音達兼反，古甜字。然則字書非無此字，第於孟子言餂之義不合耳。

今以《孟子》之文考餂之義，則趙岐以餂訓取是也。當如郭氏《方言》，其字從金爲銛。據《玉篇》《廣韻》：銛，音他點反，取也。其義與《孟子》文合。《廣韻》：上聲，

---

① "雪"，繆校本作"雲"。
② "也"上，孔校本有"茶"字。
③ "餂"，錢校本、吳校本、繆校本、孔校本作"餂"。

56

銚，音銚，而平聲，又有銛字，音纖，訓曰利也。許氏《説文》以銚爲岳屬，乃音纖者，其義與音銚者不同，各從其義也。

孫奭曰："本亦作飪，音奴兼切。"① 此别本《孟子》也。古之經書，皆有别本，其用字多異同。② 《廣韻》：又，飪，音黏，食麥粥也。於《孟子》之文愈不合，蓋别本《孟子》誤訛尤甚。

七五、光禄大夫門施行馬

《漢官儀》云："光禄大夫，秩比千石。"不言屬光禄勳，門外特施行馬以旌别之。

《魏志》："黄初四年，楊彪爲光禄大夫，詔給吏卒，門施行馬。"《晋紀》云："致仕及遜位者，給牀、帳、簟、褥，賜錢二十萬，給吏卒，門施行馬。"王隱《晋書》云："劉毅，字仲雄，年七十告老，以光禄大夫致仕，門施行馬，賜錢百三十萬。"《晋書》云："王覽爲宗正卿，致仕，詔遣殿中監療疾給藥，後轉光禄大夫，③ 門施行馬。"干寶《晋書》

---

① "切"，孔校本作"反"。
② "多"，繆校本作"皆"。
③ "後"，原作"復"，據《晋書》卷三三《王覽傳》、繆校本、孔校本改。

記尚書僕射李涓母喪，拜金紫光禄大夫，給吏卒，門施行馬。
《晋中興書》："蔡謨免，皇太后詔以謨爲右光禄大夫，開府
儀同三司，上疏陳謝。① 遂以疾篤不朝，詔賜几杖，② 門施行
馬。"《晋書》："華表，字偉容，歆子也。③ 太始中爲太中大
夫，賜禄與卿同，門施行馬。"

七六、杜甫贈李龜年詩考究

　　江季恭説：④ 杜甫《贈李龜年》詩，非甫所作。蓋岐王
死時，與崔滌死時，年尚幼。又甫天寶亂後，未嘗至江南也。

　　范攄《雲溪友議》言"明皇幸岷山，伶官奔走，李龜年
奔迫江潭，甫以詩贈龜年"云云。又云："龜年曾於湘中采
訪使筵上，唱'紅豆生南國，秋來發幾枝。贈君多采擷，此
物最相思'云云。歌闋，莫不望行在而慘然然。龜年唱罷，
忽悶絶仆地，以左耳微曖，妻子未忍殯殮，經四日乃蘇，曰：
'我遇二妃，令教侍女蘭亭唱被褉畢，放還。'且言主人即復
長安，而有中興之主也。謂龜年，汝何憂乎！"時甫正在湘

---

① "上疏陳謝"，孔校本無此四字。
② "几"，吳校本、繆校本作"鳩"。
③ "子"，孔校本作"字"。
④ "恭"，原作"共"，晁説之《嵩山文集》卷一九有墓志銘作"恭"，繆校本注
平聲，讀恭。孔校本按江季恭，名端禮，今從。

潭，或有此詩，更須考究。

七七、木瓜

《詩》曰："投我以木瓜，報之以瓊琚。""投我以木桃，報之以瓊瑤。""投我以木李，報之以瓊玖。"傳曰："木瓜，楙木，可食之木也。"

按詩之意，乃以木爲瓜、爲桃、爲李，俗謂之假果者，蓋不可食、不適用之物也，亦猶畫餅、土飯之義爾。投我以不可食、不適用之物，而我報之以瓊玉可貴之物，則投我之物雖薄，而我報之實厚。衛國有狄人之敗，出處於漕，齊威公救而封之，遺之車馬器服，衛人思之，欲厚報之，則投我雖薄，而我思報之實欲其厚，此作詩者之意也。鄭箋以木瓜爲楙木，則是果實之木瓜也，誤矣。《初學記》《六帖》於《果實木瓜門》，皆引《衛風·木瓜》之詩，亦誤。

昔之記言者謂孔子曰："吾於木瓜，見苞苴之禮行焉。"按《木瓜》詩，投報之辭，以爲喻爾，未見真有投報也，恐非孔子之言。

七八、勺藥

《溱洧》詩："贈之以勺藥。"《古今注》："勺藥，一名可離，將行則送之。"① 江淹《别賦》："下有勺藥之詩。"

《子虚》《南都》二賦言勺藥者，乃以魚肉等物爲醢，食物也。子建《七發》、張景陽《七命》"勺藥"云云，五臣注："勺，音酌；藥，音略。"《廣韻》亦有二音。《子虚賦》諸家皆誤以爲《溱洧》之勺藥。韓退之《偃城聯句》詩云："兩相鋪氍毹，② 五鼎調勺藥。"又曰："但擲顧笑金，難祈却老藥。"二藥不同音也。

七九、行李

唐李濟翁《資暇録》云："古使字作李。③ 《左氏春秋傳》言行李乃是行使，後人誤爲李字。"《春秋·僖公三十年》，《左氏傳》云："若舍鄭以爲東道主，行李之往來，共其困乏。"杜預曰："李，使人也。"又襄公八年《左氏傳》

① "古今注"至"將行則送之"十四字，原脱，據吴校本、繆校本、孔校本補。

② "相"，錢校本作"箱"，吴校本作"厢"。

③ "李"，《資暇録》、錢校本、吴校本、繆校本、孔校本作"岑"，下同。

云："亦不使一介行李告於寡君。"杜預曰："行李，行人也。"又昭公十三年《左氏傳》曰："諸侯靖兵，[①] 好以爲事，行理之命，無月不至。"杜預曰："行理，使人通聘問者。"或言理，或言李，皆謂行使也。但文其言謂之行李，亦作理耳，以此知其非改古文爲㧚也。古文字多矣，李濟翁不言㧚字出何書，未可遽爾泛舉而改作也。劉孝威《結客少年場行》云："少年李六郡，遨游遍五都。"李作使音。

八〇、王甫將明夢前世事

故相王甫將明爲館職時，[②] 夜夢至一山間，古松流水，杳然幽深，境色甚異，四無人迹。忽遇一道人，引至一處，過松下，有廢丹竈。又入，有茅屋數間，道人開之，云："公之所居也。"塵埃蓬勃，似久無人居者。壁間見題字云："白髮高僧酷愛閒，一瓶一鉢老山間。只因窺井生一念，從此松根丹竈閒。"恍然悟其前世所居。已失道人，遂回。天大雷雨，龍起雲中，意甚恐懼，遂寤。其婢亦魘於室中，呼之覺，問之，云："適爲雷雨所驚。"頗異之。來日館中曝書，偶觀架上小説内載婦人窺井生男事云。孫仲益有《王太傅生日》

---

① "兵"，原作"共"，據《春秋左傳正義》卷四六、孔校本改。
② "將明"，原脱，據吳校本、繆校本、孔校本補。

詩云：“了了三生夢，松根冷鍛爐。”用此事也。窺井事，見
《博物志》。

八一、羅隱牡丹詩

羅隱《牡丹》詩云：“可憐韓令功成後，虛負穠華過此
身。”據白廷翰《唐蒙求》“韓令牡丹”注云：“元和中，京
師貴游尚牡丹，一本直數萬。韓滉私第有之，遽命斸去，曰：
‘豈效兒女邪！’”

八二、韓中令鳳州詩①

李挺之，諱之才。慶曆中，以殿中丞爲澤州從事。時韓
中令宣撫河東，委以秦鳳鑄鐵錢事。行次鳳州，爲《絕句》
云：“去年三月洛城游，今日尋春到鳳州。欲托雙魚附歸信，
嘉陵江水不東流。”挺之族孫君翁，熙寧中爲邵堯夫言之。②

---

① 此條原接上條爲一條，此分作兩條。
② “爲”，原脱，據四庫本、孔校本補。

八三、善棋道人

蔡州褒信縣有棋師閔秀才説："嘗有道人善棋，凡對局率饒人一先。[①] 後死於褒信，托後事於一村叟。數年後，叟爲改葬，但空棺衣衾而已。道人有詩云：'爛柯真訣妙通神，一局曾經幾度春。自出洞來無敵手，[②] 得饒人處且饒人。'"

八四、選家選詩各有意

殷璠爲《河岳英靈集》，不載杜甫詩。高仲武爲《中興間氣集》，不取李白詩。顧陶爲《唐詩類選》，如元、白、劉、柳、杜牧、李賀、張祐、趙嘏皆不收。姚合作《極玄集》亦不收杜甫、李白。彼必各有意也。

八五、常建竹徑句或有異文

常建有《題破山寺後院》詩云："竹徑通幽處，禪房花木深。"余觀《又玄集》《唐詩類選》《唐文粹》，皆作

---

① 繆校本注："抄無人字。"
② "來"，錢校本作"門"。

"通"。熙寧元年，歐陽永叔守青，題《廨宇後山齋》云：
"竹徑遇幽處。"有以樗杜石本往河內以示邢和叔。① 始未見
時，亦頗疑其誤。及見碑，反覆味之，亦以爲佳，竟不知別
有本邪?② 抑永叔自改之邪? 古人用一字，亦不苟也。

八六、半月泉

李紳《題天衣寺》詩："殿涌全身塔，池開半月泉。"此
泉隱於巖下，雖月圓，池中只見其半，最爲佳處。紹興初，
愚禿法聰遂鑿開巖上，易名爲滿月泉，甚可惜也。

八七、道人高坦書詩留別

熙寧間，江寧府句容簿，失其姓名。至茅山，遇道人高
坦，被髮跣足，與簿劇談，飲酒終日，書一詩留別而去，莫
知所之。詩云："巖下相逢不忍還，狂歌醉酒且盤桓。仇香莫
問神仙事，天上人間總一般。"

---

① "樗杜"，吳校本、繆校本、孔校本作"青社"。
② "別有"，孔校本作"有別"；"邪"，孔校本作"耶"。

八八、王防言杜詩

王防元規嘗云："杜詩古本：'辭人解撰清河頌，① 詩成珠玉在揮毫。'蓋爲和舍人，故云。"又云："'青青竹筍迎船出，白白江魚入饌來'，蓋爲送扶侍，故云。"

八九、杜甫未嘗誤用事

《劉貢父詩話》云："文人用事誤錯，雖有缺失，然不害其美。杜甫云'功曹非復漢蕭何'，據光武謂鄧禹'何以不掾功曹'。又曹參嘗爲功曹，云鄭侯，非也。"按蕭何爲主吏掾，即功曹也。注在《史記·高祖紀》。貢父博洽，何爲不知？杜謂之詩史，未嘗誤用事。

九〇、青州劉概詩

青州有劉概，方富韓公守青時，遇之甚厚。因得臨朐縣西南官地，曰"冶源"，結茅居之。有雜文及詩歌，其子印

① "解"，原作"角"，據四庫本、孔校本改。

行。青人傳其詩，有"西軒忽見好溪山，一丈閒愁減三尺"，末句云："讀書誤人四十年，有時醉把闌干拍。"別見《溫公詩話》。

九一、杜詩駕鼓車出處

杜詩云："吾聞駕鼓車，不合用騏驥。"皆言漢文帝以千里馬駕鼓車，殊不知《南史》王融與宋弁等論騏驥駕鼓車也。按漢文止卻千里馬，建武中以千里馬駕鼓車爾。[①]

九二、木蘭舟詩

"洞庭春水綠於雲，日日征帆送遠人。曾向木蘭舟上過，不知元是此花身。"[②] 一小説：唐末，館閣數公泛舟，以木蘭爲題。[③] 忽一貧士，登舟作此，諸公覽詩大驚，物色之，乃李義山之魄，時義山下世久矣。又《嵐齋集》載此詩，陸龜蒙於蘇守張搏座上賦此《木蘭堂》詩。未知孰是?[④]

---

① 此條繆校本注："惜不見全詩。"
② "元"，繆校本作"身"。
③ "爲"上，繆校本、孔校本有"舟"字。
④ 繆校本注："若在舟中作詩則此詩最妙，若云賦木蘭堂詩則此詩不辨而可知者。"

九三、李杜與鮑謝

後漢范滂母謂滂曰："汝得與李杜齊名，死亦何恨?"唐人謂李白、杜甫爲李杜。子美詩云："李杜齊名真忝竊。"用後漢事也。《南史》謂鮑照、謝元暉爲鮑謝。又鮑防與謝良弼友善，人謂之鮑謝。

九四、詩史

或謂詩史者，有年月、地理、本末之類，故名詩史。蓋唐人嘗目杜甫爲詩史，本出孟棨《本事》，而《新書》亦云。

九五、仵磐詩

"太一峰前是我家，滿牀書籍舊生涯。春城戀酒不歸去，老却碧桃無限花。"此仵磐艮翁詩，① 終南人。父信，本軍職，終文思副使，以蔭補借職。元豐中，監青州臨淄酒稅。或以此詩題酒樓，皆云是神仙作也。

---

① "仵"，錢校本、吳校本、繆校本作"作"。

九六、試滷之法

予監台州杜瀆鹽場,① 日以蓮子試滷,② 擇蓮子重者用之。③ 滷浮三蓮、四蓮,味重;五蓮,尤重。蓮子取其浮而直,若二蓮直,或一直一橫,即味差薄。若滷更薄,即蓮沉於底,④ 而煎鹽不成。⑤ 閩中之法,以雞子、桃仁試之,滷味重,則正浮在上;鹹淡相半,則二物俱沉。與此相類。

九七、去淋下滷水中他水之法

淋下滷水,或以他水雜之,但識其舊痕,以飯甑蓋之於中,掠去面上水,⑥ 至舊處,元滷盡在,所去者皆他水。或以甑箅隔之亦可,以他物則不可分矣。此理未曉。孔融論云:"弊箅不能救鹽池之滷。" 即此事也。《鍊化術》云:"飲食過鹹,以飯箅竹數條炙之,着其中,則汁便淡。"

---

① "予",《能改齋漫録》卷一五《論鹽》作"嘗"。
② "以"上,《能改齋漫録》卷一五《論鹽》無"日"字。
③ "擇"上,《能改齋漫録》卷一五《論鹽》有"更"字。
④ "沉"上,《能改齋漫録》卷一五《論鹽》有"蓬"字。
⑤ "而",《能改齋漫録》卷一五《論鹽》作"即"。
⑥ "掠",繆校本作"扰"。

九八、張在題青龍寺院壁詩

青龍寺老柏院，有布衣張在題一絶於院壁："南鄰北舍牡丹開，年少尋芳去又回。唯有君家老柏樹，春風來似不曾來。"元祐中，州學教授畢仲愈題跋，刻石於平嵐亭上。

九九、杜詩四事出處

杜甫《贈韋十六評事》："子雖軀幹小。"① 《晋書·載記》："劉曜時，壯士陳安戰死，隴上歌之曰：'隴上健兒有陳安，軀幹雖小腹常寬。'"《秋興》云："聞道長安似奕棋。"蓋用寧子視君如奕棋事。《絶句》云："即看翡翠蘭苕上。"用郭景純《游仙詩》。《移居贈衛大郎》："清襟照等夷。"② 用任彦昇《王文憲集序》引袁粲詩：③ "之子照清襟。"

① 《杜工部詩集》卷三標題作《送韋十六評事充同穀郡防禦判官》。
② "襟"，原作"燈"，據《九家集注杜詩》卷三四、四庫本、孔校本改。
③ "詩"上，繆校本、孔校本據《文選》卷四六任彦昇《王文憲集序》注謂文憲名儉補"答儉"。

一〇〇、宋玉宅

《李君翁詩話》：“《卜居》云：‘寧誅鋤草茅以力耕乎？’詩人皆以爲宋玉事，豈《卜居》亦宋玉擬屈原作邪？庾信《哀江南賦》云：‘誅茅宋玉之宅。’不知何據而言？”

此君翁之陋也。唐余知古《渚宫故事》曰：①庾信因侯景之亂，自建康遁歸江陵，居宋玉故宅。宅在城北三里，故其賦曰：“誅茅宋玉之宅，穿徑臨江之府。”老杜《送李功曹歸荆南》云：“曾聞宋玉宅，每欲到荆州。”是也。又在夔府《咏懷古迹》云“搖落深知宋玉悲”“江山故宅空文藻”。然子美移居夔州《入宅詩》云：“宋玉歸州宅，云通白帝城。”蓋歸州亦有宋玉宅，非止荆州也。李義山亦云：“却將宋玉臨江宅，異代仍教庾信居。”

一〇一、擁劍非魚

何遜詩云：“躍魚如擁劍。”孟浩然詩云：“游魚擁劍來。”按擁劍如彭蜞之類，蟹屬，一螯偏大，故謂之擁劍，非

---

① “知”，原本無，據《宋史·藝文志》、吳校本、繆校本、孔校本補。

魚也。

一〇二、杜詩社日用伏日事不誤

杜甫詩："尚想東方朔，詼諧割肉歸。"社日用伏日事，蘇、黃皆以爲誤也。《史記·年表》：秦德公二年，始作伏祠，社乃同日。① 至漢方有春秋二社，與伏分也。

一〇三、杜詩魚龍夜鳥鼠秋

老杜："水落魚龍夜，山空鳥鼠秋。"陸農師引《水經》："魚龍以秋日爲夜。"按，龍秋分而降，則蟄寢於淵。龍以社日爲夜，豈謂是乎？又鳥鼠同穴者，鼠與鳥爲雌雄，② 似鼠而尾短，在内，鳥在外。魚龍，水名。鳥鼠，山名。鳥鼠秋而魚龍夜，是詩兩句而含三事也。

一〇四、李嘉祐詩露冕出處

李嘉祐《守台州》詩云："春塘露冕歸。"《華陽國志》

① 繆校本注："同日下抄本有也字。"
② "鼠"，繆校本無此字。

云："郭賀爲荆州刺史，百姓歌之曰：'厥德仁明郭喬卿。'明帝到南陽巡狩，賜三公之服，去襜露冕，使百姓見之，以彰有德。"[1]

一〇五、東坡董雙成故宅詩

富陽北十里，有妙庭觀，薦經焚毀，無碑志可考，獨見於東坡詩《董雙成故宅絕句》云："人去山空鶴不歸，丹亡鼎在世徒悲。可憐九轉功成後，卻把飛仙乞肉芝。"刻石作"肉芝"。[2] 道流云："元本作'內'，東坡見之，無他語。"今印本作"肉芝"。"內"之與"肉"，皆未曉。其鼎宣和間取去，三足中空，病者取以煮藥，甚有效。

一〇六、何郯題王宮花項帕

陳德潤云："一貴人知成都日，朝廷遣御史何郯入蜀按事。貴人遍召幕客，詢何人與御史密者。或云有賢良某人。延之，令出界候迎，兼攜名娼王宮花往，候其宴狎，出家姬

---

[1]　孔校本按："《華陽國志》云"自"云"字以下至"以彰有德"，不見《華陽國志》，而見於《後漢書》卷二六《郭賀傳》。疑作者誤標"華陽國志"。
[2]　繆校本注："肉芝必仙藥名也。"

以佐酒。王善舞，何公醉，喜題其項帕云：'按徹梁州更六么，西臺御史惜妖嬈。從今改作王宮柳，舞盡春風萬萬條。'至成都，此娼出迎，遂不復措手而歸。①

一〇七、荷橐非紫荷橐

被紫荷橐。按，荷橐，即持荷之荷也，或以爲紫荷橐，非也。宋子京云："猥挈荷橐，預從豹乘。"皆緣習之誤。②《南史·劉杳傳》言簪筆持橐事甚詳。③

一〇八、仁和出橐籥沙

《臨安府·仁和縣圖經》：出橐籥沙。④ 在縣東四里。海際之人，采用鼓鑄銅錫之模，諸州皆來采，⑤ 亦猶邢沙可以礵玉也。

---

① 此條繆校本注："酒色之誤人如此。"
② "緣"，學津本、孔校本作"沿"。
③ "杳"，原作"香"，據《南史》改。
④ "籥"，説郛本作"鑰"。
⑤ "來"，説郛本無此字。

一〇九、繫紅鞓犀帶及佩魚

石子惠云：中書舍人繫紅鞓犀帶，自葉少蘊始有。舊服色不佩魚，後王照請於朝，方佩。婦人、孺人至夫人凡八人皆佩魚，①乃張崇啓請。

一一〇、杜詩乘龍出處

杜甫詩云："門闌多喜色，女婿近乘龍。"《楚國先賢傳》謂：婿如龍也，女得賢婿，謂之乘龍。黃憲爲司徒，與李元禮俱娶太尉桓焉女，時人謂之桓叔元女俱乘龍。

一一一、韓退之用何遜句

韓退之《燈花》詩云："黃裏排金粟，釵頭綴玉蟲。"乃用何遜詩"金粟裹搔頭"之句。

---

① "皆佩魚"，繆校本無此三字。

一一二、杜詩陳克詩有所自

陳克子高詩云"鳥聲妨客夢，花片攬春心"句甚佳。唐杜審言詩云："啼鳥驚殘夢，飛花攬獨愁。"下句爲工也。子美詩云："樹攬離思花冥冥。"亦有所自矣。

一一三、王珩彥夢中詩

王珩彥，楚人，嘗夢中得詩云："杖屨步斜暉，烟村景物宜。溪深水馬健，霜重橘奴肥。春罷雞爭黍，人行犬吠籬。可憐田舍子，理亂不曾知。"

一一四、杜少陵悶詩與僧栖白閒詩

杜少陵《悶》詩云："捲簾惟白水，隱几亦青山。"唐僧栖白《閒》詩云："捲簾當白晝，移坐向青山。"

一一五、苴

苴，《説文》："展賈切。"土苴，糟魄物，又云不真物。

一音子余切，訓包也。韓文公《進學解》："補苴罅漏。"當讀作平聲。

一一六、許叔微治肺蟲方

許叔微精於醫，云："五臟蟲皆上行，唯有肺蟲下行，最難治。當用獺爪爲末，調藥，於初四、初六日治之。此二日，肺蟲上行也。"

一一七、孟蜀王水殿詩

孟蜀王《水殿》詩，東坡續爲長短句："冰肌玉骨清無汗，水殿風來暗香滿。簾開明月解窺人，攲枕釵橫雲鬢亂。夜深瓊戶寂無聲，時見飛星渡河漢。屈指西風幾時來，只恐流年暗中換。"

一一八、閩廣人嚼檳榔

閩、廣人食檳榔，每切作片，蘸蠣灰以荖葉裹嚼之。荖，音老，又音蒲口切。初食微覺似醉，面赤，故東坡詩云："紅潮登頰醉檳榔。"

一一九、苦船苦車

南人不善乘船謂之苦船。① 北人不善乘車謂之苦車。②
苦，③ 音庫。

一二〇、左傳成子受脤于社不敬本誤

《左傳·成公十三年》："成子受脤于社，不敬。劉子曰：
'吾聞之，民受天地之中以生，所謂命也，是以有動作、禮
義、威儀之則，以定命也。能者養之以福，不能者敗以取
禍。'"杜預注云："養威儀以致福。"④ 班固《五行志》云：
"能者養之以福。"顏師古云："能養生者，則定禮義、威儀，
自致於福。"此注與杜同。《左氏》本誤。

---

① "南"，原作"今"，據《甕牖閒評》卷六引文、孔校本改。
② "不善乘車"，原本無，據《甕牖閒評》卷六引文、學津本、津逮本、孔
校本補。
③ "苦"，繆校本無此字。
④ 繆校本注："抄本無威儀二字。"

一二一、蝦蟆古爲上食

韓退之《答柳柳州食蝦蟆》詩云："蝦蟆雖水居，未得變形貌。強號爲蛙蛤，於實無所校。居然當鼎味，豈不辱釣罩？余雖不下喉，近又能稍稍。嘗懼染蠻夷，平生性不樂。而君復何爲，甘食比豢豹。"按，《周禮·蟈氏》鄭司農云："掌去黿鼃。"① 即蝦蟆屬。玄謂蟈，今御所食蛙也。《漢書》："霍光擅減宗廟羔兔蛙。"不知古爲上食也。

一二二、治金蠶蠱毒之法

馬監場云："泉州一僧，能治金蠶蠱毒。如中毒者，先以白礬末令嘗不澀，覺味甘，次食黑豆不腥，乃中毒也。即濃煎石榴根皮汁，飲之下，即吐出有蟲，皆活，無不愈者。"李晦之云："凡中毒，以白礬牙茶搗爲末，冷水飲之。"

---

① "去"，原作"玄"，據《周禮注疏》卷三七《蟈氏》疏文、孔校本改。

一二三、楚多細腰

《墨子》云："楚靈王好細腰，故其臣皆三飯爲節，脅息然後帶，緣牆然後起。"《韓非子》云："楚靈王好細腰，而國有餓死。又，《尹文子》云楚莊王好細腰，一國皆有飢色。"① 劉禹錫《踏歌行》云："爲是襄王故宮地，至今猶自細腰多。"未知孰是。

一二四、司馬安許商善宦

司馬安善宦，四至九卿。《儒林傳》：許商四至九卿。

一二五、李賀攢蟲句劉禹錫秋蟲句皆善

李賀詩："攢蟲鎪古柳。"劉禹錫詩："秋蟲鏤宮樹。"此二句皆善。②

---

① "楚靈王好細腰"至"尹文子云"十六字，原脱，據吳校本、繆校本、孔校本補。
② "二"，繆校本作"兩"。

一二六、諼草

《毛詩·伯兮》篇云："焉得諼草，言樹之背。"注云："諼草，令人忘憂；① 背，北堂也。"今人多用北堂、萱堂於鰥居之人。然伯之暫出，未嘗死也。但其花未嘗雙開，故有北堂之義。《説文》："蘐、② 萱、蕿、蘐，皆一字也。"今人忘憂通作"諼"。據《爾雅》，"諼"，訓"忘"也。因其忘，故古用"諼草"字。嵇康《養生論》云："合歡蠲忿，萱草忘憂。"《本草》云："利心志，令人歡喜忘憂。"《風土記》云："婦人有妊，佩之，生男子，故謂之宜男草。"陸士衡詩云："焉得忘歸草，言樹背與襟。""忘歸"之義未詳。

一二七、湯火藥治天火

台州杜瀆監之北安聖院僧師肇，端午日，晝與僧對坐。忽聞屋瓦有聲，火光一綫，下至地。少頃，遂大如車輪，先燎僧之左臂，次及右臂，忽入於背不見，久之，復爲一綫飛去，出屋，即震雷一聲。其僧僅有氣，且舉衣視之，背後裂

---

① "忘"，原作"亡"，據繆校本、孔校本改。
② "蘐"，原作"蘆"，據吳校本、學津本、繆校本、孔校本改。

裳一圓孔如錢，中單圓孔如椀，脊下燒一圓瘡，痛楚甚。① 皆以爲天火不可治，予以湯火藥塗之，月餘遂無事。怪異如此。

一二八、詩人用字②

詩人用字各有所宜，梅言橫，松言架。何遜詩云："枝橫卻月觀，花繞臨風臺。"③ 江淹詩云："風散松架險，雲鬱石道深。"杜甫詩云："南望青松架短壑。"

---

① "痛"，津逮本、四庫本、學津本、大觀本作"瘡"。
② 此條原本無，據錢校本、吳校本、繆校本、孔校本補。
③ "臨"，錢校本作"淩"。

西溪叢語卷下

宋剡川姚寬　撰

一、孟子接淅乃境淅之誤

《孟子》言：“去齊，接淅而行。”淅，漬米也。“接”字殊無理。許慎《説文》引《孟子》“去齊，境淅而行”，[①] 境音其兩切，漉乾漬米，言不待炊而行也。《異聞集·李吉甫銘》曰：“《孟子》去齊而境淅。”唐本作“境”字。

二、詩彤管非笙簫

王介甫云：“‘俟我於城隅’，言靜女之俟我以禮也。其美外發，其和中出，其節不可亂者，彤管也。‘貽我彤管’，

言靜女之貽我以樂也。"徐安道《注音辯》云:"彤,赤漆也。管,謂笙簫之屬。"

按,《靜女》詩:"貽我彤管,彤管有煒。"注云:"煒,赤貌。彤管以赤心正人。"箋云:"彤管,赤管也。"疏:"必以赤者,欲使女史以赤心正人,謂赤心事夫人,正妃妾之次序也。"鄭注:"古者,后夫人必有女史彤管之法,史不記過,其罪殺之。"《後漢·皇后紀》序云:①"頒官分務,各有典司。女史彤管,記功書過。"《左氏傳定公九年》:"《靜女》之三章,取彤管焉。"杜預云:"《詩·邶風》也,言《靜女》三章之詩,雖説美女,義在彤管。彤管赤筆,女史記事規誨之所執。"以此考之,不聞謂之樂也。

三、陶潛讀山海經注釋

陶潛《讀山海經》十三首,用事今本多差誤,各爲注釋之。

第一篇"泛覽《周王傳》",乃周《穆天子傳》,荀勗校定本是也。"流觀《山海圖》",乃《山海經》十八卷,郭璞注本是也。

---

① "紀",原作"妃",據《後漢書》卷一○、吳校本、繆校本、孔校本改。

第二篇云："玉堂凌霞秀，王母怡妙颜。天地共俱生，不知幾何年。靈化無窮已，館宇非一山。高酣發新謠，寧效俗中言！"

《西山經》云："西玉山是王母所居。其狀如人，豹尾、虎齒而善嘯，蓬頭、戴勝，是司天之屬，主五殘。"《大荒南經》云："西海之南，流沙之濱，赤水之後，黑水之前，有大山，名曰昆侖之丘。有人戴勝，虎齒，有尾，穴處，① 名曰西王母。"又云："大荒之中，有山名豐沮。玉門西有王母之山。"又云："以昆侖爲宫，亦有離宫别窟。"郭璞云："不專住一山也。"《穆天子傳》云："吉日甲子，天子賓於西王母，執玄珪、白璧，以見西王母於瑶池之上。"又："天子升於奄山，即西王母之山也。弇山即弇磁山也。西王母宴穆王於瑶池之上，王母爲天子謠曰：'白雲在天，山陵自出。道里悠遠，山川間之。將子無死，尚能復來。'"② 與穆王往復數詩，不具載。

第三篇云："迢迢槐江嶺，③ 是謂玄圃丘。西南望昆墟，光氣難與儔。亭亭明玕照，落落清瑤流。恨不及周穆，托乘一來游。"

---

① "穴"，原作"火"，據錢校本改。
② "能復"，四庫本、學津本作"復能"。
③ "迢迢"，原作"迢遞"，《永樂大典》卷一一九八一引此書作"迢迢"，繆校本注"抄本作迢迢"，孔校本據改，今從。

槐江之山丘，時之水出焉。其陽多丹粟，其陰多采黃金銀，惟帝之平圃。郭璞注云："即懸圃也。"南望昆侖，其光熊熊，其氣魂魂。其上多藏琅玕，[1] 爰有淫水，其清洛洛。淫，音遥。《穆天子傳》："天子銘迹於玄圃之上。"

第四篇云："丹木生何許，乃在峚山陽。黃花復朱實，食之壽命長。白玉凝素液，瑾瑜發奇光。豈伊君子寶，見重我軒黃。"

《西山經》云："西北四百二十里，田峚山音密。其上多丹水，圓葉而赤莖，[2] 黃花而赤實。其味如飴，食之不飢。丹水出焉，西流注於稷澤。其中多白玉，是有玉膏，其源沸沸湯湯，黃帝是食是饗。是生玄玉，玉膏所出，以灌丹水，五色乃清。"

第五篇云："翩翩三青鳥，毛色奇可憐。[3] 朝爲王母使，暮歸三危山。我欲因此鳥，且向王母言。在世無所須，惟酒與長年。"

三危之山，三青鳥居。是山廣圓百里，青鳥主爲西王母取食。《竹書》云："穆王西征，至青鳥所解。"又拒巫之山，

---

① "琅"，原本作"卿"，據孔校本改。
② "圓"，繆校本作"員"。
③ "奇"，吳校本、繆校本作"甚"。

一曰龜山，西王母梯几而戴勝杖，① 其南有三青鳥，爲西王母取食。又言三足鳥，主給使也。

第六篇云：“逍遥蕉皋上，杳然望扶木。洪柯百萬尋，森散覆暘谷。靈人侍丹池，朝朝爲日浴。神景一登天，何幽不見燭。”

黑齒國人黑手，食稻使蛇，其一蛇赤。下有湯谷，② 上有扶木，即扶桑木。十日所浴，在黑齒北。居水中，有大木，九日居下枝，一日居上枝。

第七篇云：“粲粲三珠樹，寄生赤水陰。亭亭凌風桂，八幹共成林。雲鳳撫雲舞，神鸞調玉音。雖非世上寶，爰得王母心。”

讙朱國在赤水之陰，有三珠樹，如柏，葉皆爲珠，其樹若彗。《海內南經》：“桂林八樹，在賁隅東。”八樹而成林，言其大也。丹穴之山有鳥焉，其狀如鶴，③ 五采而文，④ 乃鳳也，自歌自舞。女牀之山有鳥，其狀如翟而五采文，名曰鸞，自歌，見則天下康寧。

第八篇云：“自古皆有没，何人得靈長。不死復不老，萬

歲如平常。赤泉給我飲，員丘足我糧。方與三辰游，壽考豈渠央。”

《列子》云：“北海之北，其國名曰終北，四方悉平，周以喬陟。當國之中有山，名曰壺領，狀若甀甄，頂有口，狀若圓環，名曰滋穴，有水涌出，名曰神瀵。臭過椒蘭，味過醪醴。一源分爲四埒，注於山下，① 經營一國，亡不悉遍。土氣和，亡扎厲，不夭不病，人倦則飲神瀵。周穆王北游，過其國，三年忘歸。”今赤泉《山海經》無之，知古文缺失也。

第九篇云：“夸父誕宏志，乃與日競走。俱至虞淵下，似若無勝負。神力既殊妙，傾河焉足有。餘迹寄鄧林，功竟在身後。”

《海外北經》云：② “夸父與日逐走，渴，欲飲於河、渭，不足，飲大澤，③ 未至，道渴而死。棄其杖，化爲鄧林。”又云：“夸父不量力，欲追日景，逮之暘谷。”④ 郭璞云：“隅淵也，今作虞淵。”

第十篇云：“精衛銜微石，將以填滄海。形天一本作邢天。

---

① 薛校本按《列子·湯問》張湛注：“山上水流曰埒。”埒爲名詞，當屬上爲句。
② 繆校本注：“抄無北字。”
③ “飲”上，吳校本有“北”字。
④ “逮”，錢校本、吳校本、繆校本、孔校本作“遂”；“暘”，津逮本、學津本、大觀本、孔校本作“禺”，吳校本作“隅”。

舞干戚，猛志故常在。同物既無慮，化去不復悔。徒設在昔心，^① 良辰詎可待？”

發鳩之山有鳥焉，^② 其狀如烏，而文首白喙，名曰精衛。其鳴自詨，是炎帝之少女，名曰女娃。游於東海，溺而不反，故爲精衛。常銜西山之木石以堙東海。奇肱之國，形天與帝爭神，帝斷其首，葬之常羊之山。乃以乳爲目，以臍爲口，操干戚以舞。

第十一篇云：“巨猾肆威暴，欽鵶違帝旨。窫窳強能變，祖江遂獨死。明明上天鑑，爲惡不可履。長枯固邑劇，鵕鶵豈足恃？”

鍾山神，其子曰鼓，其狀人面而龍身，^③ 是爲欽鵶殺葆江於昆侖之陽，葆江即祖江也。帝乃戮之鍾山之東，曰嶮崖。鵶，音下邪之邪。瑤，音遥。曰“巨猾肆威暴”者，謂欽鵶殺祖江，二負臣殺窫窳也。“猾”作“危”字，非是。欽鵶化爲大鶚，亦爲鵕鳥。^④ 鶚，音諤。鵕，音俊。或云“鵕鶵”字，非也。窫窳者，蛇身人面，爲二負臣所殺。開明東有巫夾，窫窳之尸，皆操不死之藥以距之。窫窳變爲龍首，居弱

----

① “設”，吳校本、繆校本作“没”。

② “鳩”，錢校本作“鳲”。

③ “身”，原作“耳”，薛校本按此引《山海經·西山經》“人面而龍身”，疑“耳”字當爲“身”字之形誤，據改。

④ “亦”，錢校本、吳校本無。

水中，食人。音軋俞。

第十二篇："鷗鵜見城邑，其國有放士。念彼懷王世，當時數來止。青丘有奇鳥，自言獨見爾。本爲迷者生，① 不以喻君子。"

拒山西臨黄，北望諸毗，東望長右。② 有鳥焉，其狀如鷗而人手，③ 其音如痺，其名曰鵜，其鳴自號。見則其國有放士。放，逐也。懷王之世，謂屈原也。青丘國有奇鳥，不詳其狀。鷗鵜或爲鶬鵝，或爲鳴鵲，皆非也。

第十三篇云："巖巖顯朝市，帝者慎用才。何以廢共鯀，重華爲之來。仲文獻誠言，薑公乃見猜。臨没告飢渴，當復何及哉！"

《竹書紀年》："堯欲禪舜，共工、鯀諫以爲不可。舜即位，殛鯀於羽山，流共工於幽州。"④《海内經》云："鯀竊帝之息壤以堙洪水，不待帝命。帝令祝融殺鯀於羽郊。"《神異經》云："西北荒有人，人面朱佛，蛇身人手，四足，食五穀、禽獸，頑愚，名曰共工。東方有人焉，人形而身多毛，自解水土，志加通塞，爲人自用，欲爲欲息，名曰鯀。"下云："仲文、薑公，未詳。"

---

① "迷"，錢校本、吳校本、繆校本作"明"。
② "右"，錢校本、吳校本、繆校本作"石"。
③ "手"，吳校本、繆校本作"首"。
④ "州"下，繆校本有"也"字。

四、高舂

柳子厚詩云："空齋不語坐高舂。"薛能詩云："隔江遙見夕陽舂。"或云見舂米，大非也。

《淮南子》云："日至於虞淵，是謂高舂。"注云："虞淵，地名。高舂時始戍，民碓舂時也。""至於連石，是謂下舂。"注云："連石，西山名。言將暝，① 下民悉舂，② 故曰下舂。"

五、六箸

古樂府陸瑜有《仙人覽六箸》篇："九仙歡會賞，③ 六箸且娛神。戲石聞餘地，銘山憶舊秦。避敵情思巧，論兵勢重新。問取南皮夕，還笑拂棋人。"初不曉何戲。

《西京雜記》云："許博昌，安陵人，善陸博。竇晏好之，嘗與居處，法用六箸，或謂之究，以竹爲之，長六分。"王逸解《楚辭》云："投六箸，行六棋，故爲六博。以箟簬

① "暝"，繆校本作"冥"。
② 繆校本注："民抄作象。"
③ "賞"，孔校本作"賓"。

作箸，象牙爲棋，麗而且好也。"《説文》云："六箸，十二棋也。"

六、行藥

鮑昭《行藥至城東橋》詩，五臣注云："昭因疾服藥，行而宣導之。"杜甫《舟中伏枕》詩云："行藥病涔涔。"[1]漢許皇后云："我頭岑岑，藥中得無有毒乎？"

七、金虎多用

"金虎"二字，所用不同。張平子《東京賦》云："周姬之末，政用多僻。[2] 始於宮鄰，卒於金虎。"五臣注云："幽、厲用小人，與君子爲鄰，堅若金，惡若虎，卒以此亡。"[3] 陸士衡詩云：[4] "望舒離金虎。"五臣注云："望舒，月御也，西方金也。西方七宿畢、昴之屬，俱白虎也。"《河圖》云：

---

[1] 《杜工部詩集》卷二〇標題作《風疾舟中伏枕書懷呈湖南親友三十六韻》；"涔涔"，四庫本、大觀本作"岑岑"，下同。

[2] "周姬之末，政用多僻"，説郛本無此二句。

[3] "以"，説郛本作"已"。

[4] "陸士衡"，原作"何敬祖"，據《文選》卷二四陸士衡《贈尚書郎顧彦先》、孔校本、薛校本改。

"亡金虎，喻秦居也。"

陸士衡詩云："大辰匿曜，金虎習質。"《甘石星經》云："昂，西方白虎之宿。太白，金之精。太白入昂，金虎相薄，主有兵亂。"

八、沈存中筆談誤摳爲篴

沈存中《筆談》云："馬融《笛賦》云：'裁以當摘使易持。'李善注：'摘，馬策也。裁笛以當馬篴，故使易持。'此繆説也。笛安可以爲馬策！摘，管也，古人謂樂之管爲篴。① 故潘岳《笙賦》云：'修篴内闢，餘簫外威。''裁以當篴，者餘器，② 多裁衆篴以成音，此笛但裁一篴，五音皆具。當篴之工，不假繁猥，所以便而易持也。"

據《説文》，篴、摘並音張瓜反，篷也。不聞以篴爲樂管。潘岳《笙賦》乃用樋字，云："修樋内闢。"注云："修，長；樋，大；闢，開也。"自與"篴"字不同。言羌人裁之以當馬策，言易執持而復可吹也，牽強爲説，殊無義理。

---

① "人"，原作"文"，據《夢溪筆談》、吳校本、繆校本、孔校本改。
② "器"，原作"品"，據《夢溪筆談》卷五、吳校本、錢校本、繆校本、孔校本改。

九、禁忌

汝南陳敬伯路逢歸忌，必反郵亭，後坐誅。無禁忌者多談爲繆。注云："四孟在壬，四仲在寅，四季在子。"今隱陽書云："辰、戌、丑、未月，子日；寅、申、巳、亥月，丑日；子、午、卯、酉月，寅日。"與舊法不同，故不足信也。

一〇、褦襶

杜甫《送高三十五書記》云："觸熱向武威。"[1] 程曉《三伏》詩云："今世褦襶子，觸熱到人家。"據《炙轂子》云："褦襶，笠子也。"《集韻》："褦，音奈；襶，音戴。"二字，不曉事也。

一一、望江南作者

《望江南》者，朱崖李太尉鎮關西日爲亡姬謝秋娘所作，後進入教坊。

---

[1] 原標題作《送高三十書記》，據《杜工部詩集》卷一標題《送高三十五書記》改。

一二、傳衣鉢

　　和凝嘗以宰輔自期，登第之日，名在第十三。後覽范質文，尤加賞嘆，即以第十三處之。場屋間謂之“傳衣鉢”，若禪宗之相傳授。① 其後，質果繼凝登相位，亦爲太子太傅、魯國公。縉紳以爲美談。後馮當世知貢舉，擢彭器資爲首。後贈彭詩云：“當時已自傳衣鉢，羞愧猶爲食肉僧。”謂此也。

一三、竇貞固奏復夜試

　　天聖初，② 竇貞固知貢舉，舊制，夜試以三燭爲限。長興二年，改令晝試，貞固以短景難成，文不盡意，失取士之道，奏復夜試。

一四、吳云用家之易書

　　孫天舉云：“嘗見吳天用家藏一《易》書，不知何人作，

----

① “傳”，吳校本、繆校本、孔校本作“付”。
② “聖”，學津本、孔校本作“福”。

云乾坤毀，則無以見《易》。乾坤有毀時，故終之以《未濟》。蓋乾坤毀則有水火之災，水之災多在東南，火之災多在西北。故西北多山，東南多水。東南之山，皆水沖激而成，有連亘三四十山不絶者，乃地脈也。後兵火失其書，亦不能盡記其説。"

一五、八米

盧思道《挽詩》獨八首，比時人最盛。時人謂之"八米盧郎"。[①] 八米，關中語。歲以六米、七米、八米，分上、中、下，言在穀取八米，取數之多也。

一六、紅硯

王建《宫辭》：[②] "延英引對緑衣郎，紅硯宣毫各别牀。天子下簾親自問，宫人手裏過於湯。"恐是用紅絲研，江南李氏時猶重之。歐公《研譜》以青州紅絲石爲第一。此研多滑不受墨，若受墨，妙不可加。王建集中有作"工研"，又作

---

① "人"，原脱，《永樂大典》卷七三二八引此書有"人"字，繆校本注"抄謂上有人字"，據補。
② "辭"，孔校本作"詞"。

"洪研"，皆非也。《雲溪友議》載元紫芝明經制策入仕亦有此一篇，未知孰是。

一七、李重光黃羅扇自寫詩

畢景儒有李重光黃羅扇李自寫詩一首云：① "風情漸老見春羞，到處銷魂感舊游。多謝長條似相識，強垂烟態拂人頭。" 後細字書云 "賜慶奴"。 "慶奴" 似是宮人小字。詩似柳詩。

一八、宋庠言

宋公庠言："金日磾，'日'字下音彌畢切，② 又是如字，③ 別無借音。" 又言："人皆言解體音古買反，④ 司馬溫公讀作古隘切。" 又云："父在呼某子爲令嗣，⑤ 侍下呼某房，甚無謂也。"

---

① "自"，原作"白"，據吳校本、繆校本、孔校本改。
② "庠"，錢校本、吳校本、繆校本作"序"；"下"，吳校本、孔校本作"不"。
③ "又"，吳校本、繆校本、孔校本作"只"。
④ "古"，原作"右"，據吳校本、繆校本、孔校本改。
⑤ "某"，吳校本作"其"。

一九、柳句用慧休詩

柳子厚《聞徹上人亡寄楊丈侍郎》云:① "東越高僧還姓湯,幾時瓊佩觸鳴瑲。空花一散不知處,誰采金花與侍郎?" 蓋用慧林《菊問贈鮑侍郎》詩云:② "玳枝兮金英,綠葉兮紫莖。" 鮑照有答詩,《類文》題作《菊問》,③ 照集又云《贈答》。④

二○、姓氏之學

姓氏之學,莫盛於《元和姓纂》。皆自南北朝以官職富貴相高。溢至於唐,崔、盧、李、鄭,糾紛可鄙。若以聖賢所本,如子姓、嬀姓、姬姓、姜姓之類,各分類,聖人受姓所從來,以訖《春秋》所紀,用《世本》、荀況譜、杜預《公子譜》爲法,則唐、虞三代列國諸侯俱可成書,此似是太史公欲爲而未就者耳。漢以後精力博求,不難考其淵源至今也。

---

① "徹",錢校本作"澈"。
② "林",錢校本、吳校本、繆校本、孔校本作"休"。
③ 繆校本注:"抄菊問下有詩字。"
④ "又",吳校本、繆校本作"只"。

二一、方策

文武之政，布在方策。《正義》謂方牘簡策。《周禮·内史》："凡命諸侯及孤卿大夫，則策命之。"鄭司農引《春秋傳》："王命内史興父策命晋侯爲侯伯。策謂以簡策書王命。"又云："凡四方之事書，内史讀之；王制禄，則贊爲之，以方出之。"注云："贊爲之，爲之辭也；以方出之，以方版書而出之。"杜子春云："方直，① 謂今時牘也。"《儀禮·聘禮》："束帛加書將命，百名以上書於策，不及百名書於方。"名，書文也，今謂之字。策，簡也。方，板也。② 外史掌達書名於四方，謂若《堯典》《禹貢》，達此名使知之。或曰：古曰名，今曰字，使四方知書之文字得而讀之。

二二、東坡句有自

南山宣律師《感通録》云："廬山七嶺，共會於東，合而成峰。"因知東坡"横看成嶺側成峰"之句有自來矣。③

---

① "直"，原作"版"，據《周禮注疏》卷二六、吳校本、繆校本、孔校本改。
② "板"，學津本、大觀本、孔校本作"版"。
③ "自來"，孔校本作"所自"。

二三、杜牧杜秋詩不誤

《新唐書・李德裕傳》："德裕徙鎮海軍，代王璠。先是大和中，漳王養母杜仲陽歸浙西，有詔在所存問。時德裕被召，乃檄留後使如詔書。璠入爲尚書左丞，而漳王以罪廢死，因與戶部侍郎李漢共譖德裕嘗賂仲陽導王爲不軌，帝惑其言。"竇革《音訓》云："杜牧作《杜秋》詩，乃'云漳王得罪後，秋始被放歸本郡'。疑即仲陽也。與此不同，似牧之之誤。"《南部新書》云："杜仲陽，即杜秋也。始爲李錡侍人，錡敗，填宮，亦進帛書，後爲漳王養母。大和中，漳王黜，放歸浙西。續詔令觀院安置，兼加存恤，故杜牧有《杜秋》詩稱於時。"此說與牧之合。《漳王湊傳》："黜爲巢縣公，時大和五年也。命中人封詔，即賜且慰曰：'國法當爾，無他憂。'八年薨，贈齊王。鄭注後以罪誅。帝哀湊被讒死不明，開成三年，追贈懷懿太子。"蓋大和五年，漳王雖黜，尚特詔賜慰云。故德裕"檄留後使如詔書"，至八年廢死後，德裕方被譖也。恐牧之詩不誤。

二四、老杜少年行叙李益事

蔣防作《霍小玉傳》，書大曆中李益事。有一豪士，衣輕黃衫，挾朱筋彈。李至霍，霍遂死，乃三月牡丹時也。老杜有《少年行》二首，一云：“巢燕引雛渾去盡，① 江花結子已無多。黃衫年少宜來數，② 不見堂前東逝波。”考作詩時，大曆間甫政在蜀，③ 是時想有好事者傳去，作此詩爾。

二五、定武蘭亭舊本最佳

《蘭亭》惟定武舊本最佳。薛帥別刊木易之。新本“湍”“流”“帶”“石”“天”五字損，④ 可以驗，舊本皆全。

二六、杜甫憶李白詩有譏意

杜甫《憶李白》詩云：“俊逸鮑參軍。”亦有譏焉。鮑昭《白紵辭》一篇，白用之。杜又云：“李侯有佳句，往往似陰

---

① “引”，《杜工部詩集》卷一一作“養”。
② “宜來”，《杜工部詩集》卷一一作“來宜”。
③ “蜀下”，繆校本有“也”字。
④ “石”，錢校本作“右”。

鏗。”如“柳色黃金嫩，梨花白雪香”，乃陰鏗詩也。

二七、古有畏獸書

《山海經·大荒北經》：“有神銜蛇，其狀虎首人身，四蹄長肘，名曰強良。”“亦在異獸書中。”① 此書今亡矣。

二八、鈷鉧

《宜都山水記》：“佷山溪有釜灘，其石大者如釜，小者如鈷鉧。”柳子厚《鈷鉧潭記》“鉧”字，字書無之。《集韻》：鍸、鈷，並音胡，黍稷器。夏曰瑚，商曰璉，周曰簠簋。又，鉧，音滿補反。鈷鉧，溫器。言潭石如此大小爾。

二九、周顒始置四聲切韻

《高氏小史》云：“周顒，字彥倫，始置四聲切韻，行於時。”

---

① “亦在畏獸書中”，孔校本按《山海經》此句乃郭璞注文，“亦”前疑脫一“注”字；“異”，原作“畏”，據錢校本改。

101

三○、南部烟花録乃偽作

《南部烟花録》，文極俚俗。又載陳後主詩云：“夕陽如有意，偏傍小窗明。”此乃唐人方域詩，六朝詩語不如此。《唐》《藝文志》所載《烟花録》，記幸廣陵事，此本已亡，故流俗偽作此書，與裴鉶《傳奇》載秦人事及賦唐俚詩無異。①

三一、吃虛

李義山《定子》詩：“堪笑吃虛隋煬帝，破家亡國爲何人？”《北里志》：“劉泰娘門有樗樹，贈詩云：‘尋常凡木最輕樗，今日尋樗桂不如。漢高新破咸陽後，英俊奔波遂吃虛。’”②

三二、杜詩箭栝出處

老杜《望岳》詩云：“車箱入谷無歸路，箭栝通天有一

---

① “及”，吳校本、繆校本、孔校本作“乃”。
② “英俊”，原作“莫使”，據《北里志·劉泰娘》、錢校本、吳校本、繆校本、孔校本改。

門。"①《述征記》云："柏谷，谷名也。漢武帝微行，所至谷中，②無回車地，夾以高原，柏林陰翳，窮日幽暗，殆弗睹陽景。"鳳翔岐山，《禹貢》云："治梁及岐。"③又曰："荊岐既旅。"其山本以有兩岐，故呼爲岐路之岐，今俗猶呼爲箭筈嶺。④

三三、雨諺

諺云："乾星照濕土，來日依舊雨。"王建《聽雨》詩云："半夜思家睡裹愁，雨聲落落屋檐頭。照泥星出依然黑，淹爛庭花不肯休。"

三四、李義山湔裙水上出處

李義山《柳枝》詩序有"湔裙水上"之語。⑤《北史》："竇泰母夢風雷有娠，期而不産，甚懼。有巫者曰：'度河湔

---

① "栝"，《永樂大典》卷一一九八一引作"苦"，以下云及"箭筈嶺"，孔校本疑"苦"原作"筈"，《大典》偶抄誤。薛校本按"箭栝"，"栝"通"苦"，指箭苦嶺。

② "所"，孔校本無此字。

③ "治"上，錢校本、吳校本、繆校本有"壺口"。

④ "嶺"下，《永樂大典》引文、錢校本、繆校本、孔校本有"出《唐史》，系《地理志》"七字。

⑤ "湔"，繆校本作"濺"。

裙，産子必易。'便向水所。忽見一人云：'當生貴子，可徙
而南。'母從之，俄而生泰。及長，爲御史中尉。"別見《荆楚
歲時記》。

三五、瓅能之能非三足鼈

徐浩《會稽》詩云："法士多瓅能。"蓋言異能也。魯直
謂能乃三足鼈，言僧似鼈耳。雖似戲語，然能有二音，皆通，
不必指能是鼈也。《後漢·黃琬傳》云："舊制，光禄舉三署
郎以高功久次、① 才德尤異者爲茂才四行。② 時權富子弟以人
事得舉，而貧約守志者以窮退見遺，③ 京師爲之謠曰：'欲得
不能，光禄茂才。'注云：'能，乃來切。'"

三六、范文正詩墨迹

范文正守鄱陽，喜樂籍。未幾召還，作詩寄後政云："慶
朔堂前花自栽，爲移官去未曾開。年年憶著成離恨，只托春
風管領來。"到京，以綿胭脂寄其人，題詩云："江南有美

---

① "舉三署"，原作"三四省"，據《後漢書》卷六一《黃琬傳》改。
② "四"，原作"異"，據《後漢書·黃琬傳》改。
③ "退"，原作"迫"，據吳校本、繆校本、孔校本改。

人，別後長相憶。何以慰相思？贈汝好顏色。"至今墨迹在鄱陽士大夫家。

三七、玉川子説李忠臣

肅宗乾元二年，史思明與諸將期會汴州。李光弼巡河上諸營，聞之，還入汴州，謂節度使許叔冀曰："大夫能守汴州十五日，我來救。"光弼還東京，思明至汴，叔冀戰，不勝，遂與濮州刺史董秦降，思明待之甚厚。《新書》云："董秦夜挈五百人歸光弼，詔加殿中監，賜姓李，名忠臣，即天寶末驍將也。粗暴不知書，晚污朱泚偽命，誅。"玉川子《月蝕》詩云："歲星主福德，官爵奉董秦。忍使黔婁生，覆尸無衣巾。"詳味此句，董秦當是無功而享厚祿者。如此者多，不知玉川子説李忠臣，何也？

三八、李白唾井句出諺語

李太白《平虜將軍妻》詩云："古人不唾井，莫忘昔纏綿。"李濟翁《資暇録》云："諺有曰：'千里井，不反唾。'或云銼。言昔人經驛舍，反馬餘銼於井，後經此井汲水，爲銼所哽。"

三九、國朝用漢臘

國朝用漢臘，蓋冬至後第三戌火墓日也，是爲臘。己酉年閏八月，冬至後第三戌，乃在十一月末。太史局著曆，遂以十一月第三戌爲臘。識者云："古法遇如此閏歲，即以第四戌爲臘，臘不可在十一月也。"癸亥年合閏三月，遂閏四月。南渡後圖書散失所致。①

四〇、南北海上交往

嘗聞習海者云："航海自二浙可至平州，聞登州竹山、駞基諸島之外，天晴無雲，可遠望平州城壁。今自二浙至登州與密州，皆由北洋，水極險惡，② 然有自膠水鎮三日而抵明州、定海者。"杜甫《後出塞》云："漁陽豪俠地，擊鼓吹笙竿。雲帆轉遼海，粳稻來東吳。越羅與楚練，照耀輿臺軀。"及《昔游》篇云："幽燕盛用武，供給亦勞哉。吳門轉粟帛，泛海凌蓬萊。"其事可見。

---

① 此條繆校本注："南渡後曆法已亂至於今歲不可窮詰矣。"
② "水"，孔校本作"路"。

四一、五粒小松

《名山記》云：“松有兩鬣、三鬣、五鬣者，言如馬鬣形。”李賀有《五粒小松歌》云：“新香幾粒洪崖飯。”“五粒”未詳。

四二、髟

潘岳《秋興賦》云：“斑鬢髟以承弁兮，素髮颯以垂領。”五臣云：“髟，髮下垂貌。”《説文》云：“白黑髮雜也。”李善注云：“髟作髟，音方料切。”

四三、蒼鶻

李義山《嬌兒詩》云：“忽復學參軍，按聲喚蒼鶻。”按，《吳史》云：“徐知訓怙威驕淫，① 調謔王，無敬長之心。② 嘗登樓狎戲，荷衣木簡，自號參軍，令王髽髻鶉衣爲蒼頭以從。”歐公《五代史·吳世家》云：“知訓爲參軍，隆

---

① “驕”，原作“嬌”，據四庫本改。
② “長”，錢校本、吳校本、孔校本作“畏”。

演鶉衣鬌髻爲蒼鶻。”前云“蒼頭”，非也。

四四、揵

《南唐·世家》：“號揵馬牌。”① 按《南唐史》亦作“揵”字，舉世以爲“捷”字，② 非也。《説文》：“揵字，從建，音紀偃切，馬行不利也。”《考工記》云：“終日馳騁，左不揵。”③ 是也。

四五、會稽秦始皇刻石

《史記·秦始皇本紀》云：“上會稽，祭大禹，望於南海，而有立石刻頌秦德。”④《越絶書》云：“始皇以三十七年來游會稽，以正月甲戌到越，留舍都亭，取錢唐浙江岑石。石長丈四尺，南北面廣一尺，東西面廣一尺六寸，刻文於大越東山上，其道九曲，去越二十里。”《水經》云：“秦始皇登會稽山，刻石紀功，尚在山側。”孫暢之《述征記》云：

---

① “揵”，學津本作“捷”字。
② 繆校本注：“抄爲下有刻字。”
③ “揵”，《周禮注疏》作“楗”。
④ “而”，原作“有”，據《史記》卷六《秦始皇本紀》、錢校本、吴校本、繆校本、孔校本改。

“丞相李斯所篆也。”

《南史》:①“竟陵王子良爲會稽太守，范雲爲主簿。雲以山上有始皇刻石，三句一韻，多作兩句讀之，並不得韻；又字皆大篆，人多不詳。雲夜取《史記》讀之，明日登山，讀之如流。”張守節云:“會稽山刻李斯書，其字四寸，畫如小指，圓鐫。今文字整頓，是小篆字。”

予嘗上會稽東山，自秦望山之巔並黃茅，無樹木。其山側有三石筍，中有水一泓，別無他石。石筍並無字。復自小徑別至一山，俗名鵝鼻山。又云:“越王栖於會稽，宮娥避於此。”又云:“娥避山，山頂有石，如屋大，中開，插一碑於其中，文皆爲風雨所剥隱約，就碑可見缺畫，如禹廟《没字碑》之類。”不知此石果岑石歟？非始皇之力不能插於石中。此山險絕，罕有至者。得一采藥者則至之耳，② 非僞碑也。或云大篆，或云小篆，皆不可考。

四六、栗皺

杜甫詩云:“嘗果栗皺開。”或作“雛”字，殊不可解。《集韻》:“皺，側尤切，革紋蹙也。”《漢上題襟》周繇詩云:

---

① “南史”，原作“梁書”，據《南史》、孔校本改。
② “則至之”，吳校本、繆校本、孔校本作“引之至”。

"開栗弋之紫皺。"貫休云:"新蟬避栗皺。"又云:"栗不和皺落。"皺,即栗蓬也。

四七、左傳句讀

《左傳》云:"故講事以度軌,絕句。量謂之軌;取材以章物,絕句。采謂之物。"

四八、古本孟子無爲書之論不可取

《孟子》云:"盡信書,不如無書。"王元澤引古本《孟子》云:"盡信書,不如無爲書。"書安可無也?學者慎所取而已。不知慎所取,則不如勿學而已矣。

四九、八師經

嘗觀《八師經》:"佛時在舍衛國祇樹給孤獨園。① 時有梵志名曰邪旬,來詣佛所,欲質所疑。曰:'吾聞佛道,厥義弘深。巍巍堂堂,猶星中月。神智妙達,衆聖中王。② 願開

---

① 繆校本謂此條接本卷第一條。
② "王",原作"丕",據錢校本改。

盲瞑，釋其愚癡。所事何師？’天尊曰：‘吾前世師，其名難數。吾今自然，神耀得道。非有師也。’”是即東坡《宸奎閣碑銘》云“巍巍仁聖，體合自然，神耀得道，非有師傅”之意。① 所謂八師者：不殺、不盜、不淫、不惡、口不飲酒、老、病、死。王瑩夫云：“坡公手寫《八師經》，頃嘗見之。”

五〇、稱妻爲鄉里

沈休文《山陰柳家女》詩云：“還家問鄉里，詎堪持作夫？”“鄉里”，謂妻也。《南史·張彪傳》呼妻爲“鄉里”，云：“我不忍令鄉里落它處。”② 今會稽人言“家里”，③ 其意同也。

五一、朱仲李

潘岳《閒居賦》：“房陵朱仲之李。”李善云：“朱仲李，未詳。”按，《述異記》云：“房陵定山有朱仲李園三十六

---

① “是即”，吳校本、繆校本、孔校本作“始悟”。
② “它”，說郛本作“他”，錢校本作“地”，孔校本作“佗”。
③ “今”，說郛本作“知”。

所。"① 許昌節度使小廳，是故魏景福殿。董卓亂，魏太祖挾令遷帝，自洛都許。許州有小李子，色黃，大如櫻桃，謂之御李子，即獻帝所植，至今有焉。王逸《荔枝賦》云："房陵縹李。"

五二、劉禹錫月墮雲中句所本

謝靈運《東陽溪中贈答》云："可憐誰家婦，緣流灑素足。② 明月在雲間，迢迢不可得。"又云："可憐誰家郎，緣流乘素舸。但問情若何，月就雲中墮。"劉禹錫《泰娘歌》"月墮雲中"之句蓋本於此。

五三、煮棗

《漢·樊噲傳》："從攻項籍，屠煮棗。"晉灼曰："《地理志》無，③ 今清河有煮棗城，《功臣表》有煮棗侯。"顏師古曰："既云'攻項籍，屠煮棗'，則其地當在大河之南，非清

① "園"，原脱，《能改齋漫録》卷七《弱枝棗朱仲李》條轉引任昉《述異記》、《太平御覽》卷九六八引任昉《述異記》有"園"字，今據補。
② "緣"，吳校本、繆校本注："一作緑"；"灑"，吳校本、繆校本作"洗"。
③ "理"，原作"里"，誤。

河之城明矣。但未詳其處耳。"予考《後漢·地理志》,① 濟陰郡冤句有煮棗城,此正在大河之南也。可以補漢史之闕。

五四、杭州得名於詩

許志仁云:"昔秦王捨舟於餘杭,因曰杭州。不從舟而從木,以《詩》'一葦杭之'之義。"

五五、半夜鐘由來已久

齊丘仲孚少好學,讀書常以中宵鐘鳴爲限。唐人張繼詩"夜半鐘聲到客船",則"半夜鐘"其來久矣。

五六、揲蓍之法

揲蓍之法,用老陽、老陰多少之數求之,即偏而不均。若以奇耦之數求之,最爲精妙。三奇老陽,三耦老陰,一奇兩耦少陽,兩奇一耦少陰。少陽,震、坎、艮也。少陰,巽、離、兌也。

----

① "理",原作"里",誤。

五七、田生

陶淵明詩云：“聞有田子春，節義爲士雄。”《漢書·劉澤傳》云：“高后時，齊人田生，游乏資，以畫奸澤，[①]澤大悦之，用金二百斤爲田生壽。田生如長安，幸謁者張卿，諷高后立澤爲琅琊王。”晉灼曰：“《楚漢春秋》云：‘田生，字子春。’”

五八、李波小妹史實

《香奩集》云：“後魏時，相州人作《李波小妹歌》，疑其未備，因補之：‘李波小妹字雍容，窄衣短袖蠻綿紅。未解有情夢梁苑，何曾自媚妒吳宮。誰教牽引知酒味，因令悵望成春慵。海棠花前鞦韆畔，背人撩鬢道匆匆。’”韓偓所補，似言閨房之意，大非其實。

《北史》：“李安世出爲相州刺史，廣平人李波，宗族強盛，殘掠不已。刺史薛道標討之，大爲所破，公私成患。百姓語曰：‘李波小妹字雍容，褰裙逐馬如卷蓬。[②]左射右射必

---

① “畫奸”，原作“書干”，據《漢書》卷三五《燕王劉澤》、吳校本改。
② “裙”，孔校本作“裙”。

叠雙。婦女尚如此，男子安可逢！’安世設方略，誘波等殺之，州内蕭然。”

五九、白樂天由留意金丹至歸依内典

白樂天《自咏》詩云：“朱砂賤如土，不解燒爲丹。玄鬢化爲雪，不解休爲官。”又《不二門》詩云：“亦曾燒大藥，消息乖火候。至今殘丹砂，燒乾不成就。”《潯陽歲晚寄元八郎中庾三十二員外》詩云：“閱水年將暮，① 燒金道未成。丹砂不肯死，白髮自須生。”② 《對酒》云：“謾把參同契，難燒伏火砂。有時成白首，無處問黄芽。”《赴忠州至江陵舟中示舍弟》云：“幼學將何用？丹燒竟不成。”《酬元郎中書懷》云：“終身擬作卧雲伴，逐月須收燒藥錢。”《與故刑部李侍郎早結道友以藥術爲事》詩云：“金丹同學都無益，水竹鄰居竟不成。”《贈江州李使君》云：“迹爲燒丹隱，家緣嗜酒貧。”《題别遺愛草堂》云：“曾在廬峰下，書堂對藥臺。”《竹樓宿》詩：“小書樓下千竿竹，深火爐前一盞燈。此處與誰相伴宿，燒丹道士坐禪僧。”

---

① “歲晚”，原誤倒，據白居易《白氏長慶集》卷七、孔校本改；“閱”，原作“商”，據《白氏長慶集》、孔校本改。

② “自”，《白氏長慶集》、吴校本、繆校本作“事”。

後集第五十一卷《同微之贈別郭虛舟鍊師五十韻》，① 叙燒丹事甚詳。有云：“簡寂館鍾後，紫霄峰曉時。心塵未淨潔，火候遂參差。萬壽覬刀圭，千功失毫釐。先生彈指起，姹女隨烟飛。始知緣會間，② 陰隤不可移。③ 藥竈今夕罷，詔書明日追。”《對酒》云：“丹砂見火去無迹，白髮泥人來未休。”《贈杜録事》云：“河車九轉宜精鍊，火候三年在好看。”《酬夢得》云：“丹砂鍊作三銖土，玄髮看成一把絲。”又《燒藥不成命酒獨酌》云：“白髮逢秋至，丹砂見火空。不能留姹女，爭免作衰翁。”是樂天久留意金丹，爲之而不成也。

又有《感事》詩云：“服氣崔常侍，燒丹鄭舍人。”又云：“唯知戀杯酒，不解煉金銀。無憂亦無喜，六十六年春。”又作《醉吟先生傳》云：“設不幸吾好藥，治衣削食，鍊鉛燒汞，至於無所成，有所誤，奈之何？今吾幸不好彼。”又《答客》詩云：“海山不是吾歸處，④ 歸即應歸兜率天。”則是晚年藥術竟無所得，乃歸依内典耳。

---

① “五”，吳校本作“二”。
② “間”，原作“開”，據《白氏長慶集》卷五一、吳校本、四庫本、繆校本、孔校本改。
③ “隤”，原作“隙”，據《白氏長慶集》、吳校本、繆校本、孔校本改。
④ “不”，原作“亦”，據四庫本、繆校本、孔校本改。

六○、文選五臣注無足取

李善《文選》引證精博，① 五臣無足取也。惟注《北山移文》"值薪歌於延瀨"，② 李善云"未詳"。呂向云："蘇門先生游於延瀨，見一人采薪，謂之曰：'子以終乎？'薪人曰：'吾聞聖人無懷，以道德爲心，何怪乎而爲哀也？'遂爲歌二章而去。"又不注所出。至注《解嘲》，李善引伯夷、太公爲二老，乃云："只太公爲一老，不聞二老。"其繆如此。

六一、汲冢瑣語與左氏國語有異處

《汲冢瑣語·晋春秋篇》載平公夢朱羆窺屏，③ 《左氏》《國語》並云黃熊。④

---

① "選"下，孔校本據李善《文選》，疑當脱去"注"字。

② "值"，孔校本作"植"。

③ "朱"，原作"求"，《經典集林》卷九《汲冢瑣語》"朱羆"作"赤熊"，《經典集林》輯者按語引《史通》作"朱熊"，錢校本、吳校本、繆校本、薛校本、孔校本據改作"朱"，今從。

④ "熊"，原作"能"，繆校本作"然"，《春秋經傳集解》卷二一昭公七年、《國語》卷一四、吳校本作"熊"。按，"熊"是，據改。

六二、五臣與李善注牽絲解龜

謝靈運詩云："牽絲及元興，解龜在景平。"五臣注《文選》云："牽絲，謂牽王如絲之言而仕也。"李善云："牽絲，初仕；解龜，去官也。應璩詩云：[①]'不悟牽朱絲，三署來相尋。'"

六三、子鵑爲望帝魂

《華陽國志・蜀志》云："蠶叢、魚鳧之後，有王曰杜宇，稱帝號曰望帝，更名蒲卑。自以功德高諸王，乃以褒斜爲前門，熊耳、靈關爲後户，玉壘、峨嵋爲城郭，江、潛、綿絡爲池澤，汶山爲畜牧，南中爲園苑。會有水災，其相開明決玉壘山以除水害。帝遂委以政事，禪位於開明。帝升西山隱焉。時適二月，子鵑鳥鳴，蜀人悲之，故聞子鵑之鳴，即曰望帝也。"左太沖《蜀都賦》云："鳥生杜宇之魂。"五臣注引《蜀記》云："有王曰杜宇，號望帝，俗説云化爲子鵑。子鵑，鳥名也。"[②] 故鮑照、杜甫皆云是古帝魂，其實非

① "詩"，孔校本無此字。
② "也"下，繆校本、孔校本有"蜀人聞其鳴，即曰望帝也"十字。

變化也。

六四、左傳句讀

《春秋左氏傳》：“聞晋公子駢脅，欲觀，絕句。其裸浴，絕句。薄而觀之。”

六五、者不

《禮記·射義》：“孔子射於矍相之圃，蓋觀者如堵牆。射至於司馬，使子路執弓矢出延射，曰：‘僨軍之將，亡國之大夫，與爲人後者不入，其餘皆入。’蓋去者半，入者半。又使公罔之裘、序點揚觶而語。公罔之裘揚觶而語曰：‘幼壯孝弟，耆耋好禮，不從流俗，修身以俟死，者不在此位也。’蓋去者半，處者半。序點又揚觶而語曰：‘好學不倦，好禮不變，旄期稱道不亂，者不在此位也。’蓋僅有存者。”如此稱“者不在此位”，何以觀射？乃“不”字作上聲，連上句，即於義無爽。今本《家語》無二“不”字。

六六、韓詩風字出處

韓退之《瀧吏》詩云："不知官在朝，有益國家否。得無風其間，不武亦不文。仁義飾其躬，①巧奸敗群倫。"古本"風"作"蟲"字，或引阮嗣宗"蟲處褌中"爲解，非也。

按，秦《公孫鞅書·靳令篇》云：②"國以功受官予爵，則治省言寡；以六蟲授官予爵，則治煩言生。六蟲曰禮樂、曰詩書，曰修善，曰孝悌，曰誠信，曰貞廉，曰仁義，曰非兵，曰羞戰。國有十二者，上無使農戰，必貧至削。十二者成群，此謂君之治不勝其臣，官之治不勝其民，此謂六蟲勝其政也。"此言十二，乃止九條。杜牧之云："彼商鞅者，能耕能戰，能行其法，基秦爲強。曰彼仁義，③蟲官也，可以置之。注云：'置之，言不用也。'"此昌黎之意也。

六七、端硯

端硯下巖，色紫如豬肝，密理堅緻，溫潤而澤，儲水發

---

① "飾"，孔校本作"飭"。
② "令"，原作"命"，據《商子》卷三《靳令篇》、吳校本、繆校本、孔校本改。
③ "彼"，繆校本作"被"。

墨，叩之有聲。但性質堅，礦斷裂，尤多瑕疵。

秋楓巖，石色微淡，可亞下巖，堅潤不及。

梅根巖，一名中巖。桃花巖，一名上巖。二巖石俱皆沙壤相雜，無水泉，色淡而燥，肌理稍粗。① 然中巖又勝上巖。

新坑，石色帶紅紫，其文細密，材質厚大無瑕。然止是崖石，頗乏堅潤。

後歷石與新坑略相似，又處其次。

西坑六崖，石色青，微黑，佳者如歙石，粗羅紋，而發墨過之。石眼圓暈數重，青白黃黑相間，極大者爲最勝。

土人以晶瑩圓明、中無瑕翳者爲活眼，形模相類、不甚鮮明者爲淚眼，形體略具、內外皆白、殊無光彩者爲枯眼。

六八、開元通寶

《唐·食貨志》云：“武德四年，鑄‘開元通寶’，錢徑八分，② 重二銖四絫，積十錢重一兩，得輕重大小之中。其文以八分、篆、隸三體。”又云：“開化二十六年已後，錢甚惡，詔所在置監，鑄‘開元通寶’錢，京師庫藏皆滿。肅宗上元元年，以‘開元’舊錢一當十。”

---

① “粗”，孔校本作“疏”。
② “分”，孔校本作“方”。

孔毅夫云："'開元通寶'錢，給事中歐陽詢撰其文並書，回環可讀。俗不知以爲'開元'錢明皇所鑄。《六典》謂之'開元通寶'。"司馬光云："薛璫《唐聖運圖》云：'初進蠟樣，文德皇后掐一甲，故錢上有甲痕焉。'"凌璠《唐録政要》以爲竇皇后。是時竇后已崩，文德后未立，今皆不取。李審言《記聞》云："唐之錢文如'乾元''開元'曰重寶、通寶，世俗淺者有云'乾重''開通'，朝士尚有如此言者，尤可笑也。"

馬永卿云："'開元通寶'，蓋唐二百八十九年獨鑄此錢，洛、并、幽、桂等州皆置監，故開元錢如此之多，而明皇記號偶相合耳。"

六九、秋菊落英

《楚辭》云："夕餐秋菊之落英。"王逸云："英，華也。"《類篇》云："英，草榮而無實者。"後漢馮衍賦云："食玉芝之茂英。"言英華之英。洪興祖《補注楚辭》云："秋花無自落者，讀如'我落其實而取其華'之'落'。"此言爲是。今秋花亦有落者，但菊蕊不落耳。若云"黃菊飄零滿地金"，即詩用《楚辭》之句。且《宋書·符瑞志》沈約云："英，葉也。言食秋菊之葉。"據《神農本草》："菊服之，輕身耐老。三月采葉。”《玉函方》：“王子喬變白增年方：“甘菊，三月上寅采，名曰‘玉英’。”是英謂之葉也。晋許詢詩云：“青松凝素體，秋菊落芳英。”

七○、景山

《詩》云：“高山仰止，景行行止。”言人有景行，當效而行之，如山之高當仰之。今人書簡有使“景仰”者，疏矣。魏文帝《書》云“高山景行，深所慕仰”爲是。任彦昇《太宰碑》云：“瞻彼景山，肅然望慕。”雖引《詩》“陟彼景山”，① 然不出“景行”“高山”之意也。

七一、果然

《莊子》：“適莽蒼者三餐而反，腹猶果然。”郭象不注，成元英疏云：② “果然，充飽也。”陸德明《音義》云：“果，如字，又，苦火切。衆家皆云飽貌，言依舊果然。”或云：猶，如也，言腹之飽如果然獸也。《吳録·地理志》云：“九

---

① “陟”，原作“陵”，據《詩·殷武》、吳校本、繆校本、孔校本改。
② “元”，原作“玄”，按唐代成元英注《莊子疏》，今據改，下同。

真浦耳縣有獸名果然，① 狻狄類也。"② 《南州異物志》云：
"交州以南有果然獸，其鳴自呼，尾長，腹圓，過其頭，脅邊
斑文。皮集十餘可得一蓐，繁文麗好，③ 細厚温暖。"魏鍾毓
有賦。

七二、伊尹干湯

伊尹負鼎干湯。④ 《莊子》成元英疏云："負玉鼎以干
湯。"劉孝標《栖山志》云：⑤ "故有忽白璧而樂垂綸，負五
鼎而要卿相。"《楚辭·天問》云："緣鵠飾玉，后帝是饗。"
王逸云："后帝，謂殷湯也。言伊尹始仕，因緣烹鵠鳥之羹，
修玉鼎以事於湯，湯賢之，遂以爲相。"獨孟子以爲不然也。

七三、翁仲

劉禹錫云："翁仲遺墟草樹平。"《魏略》云："明年景初
元年，徙長安鐘簴、駱駝、銅人、承露盤。盤折，銅人重不

---

① "浦"上，錢校本有"胥"字。
② "狻狄"，錢校本作"猿狄"。
③ "麗"，繆校本注："一作衣。"
④ "干"，原誤作"于"。
⑤ "孝"，原作"季"，按劉孝標著《栖山志》，今據改。

124

可致，留於霸城。大發卒鑄作銅人二，號曰翁仲，列坐於司徒門外。"後漢郿南千秋亭有石壇，壇廟之東枕道，有兩石翁仲南北相對。

七四、陶嘉月

謝惠連云："漾舟陶嘉月。"王襃《九懷》云："陶嘉月兮總駕。"王逸云："及吉時也。"

七五、百六

百六。從上元甲寅至今乾德四年丙寅，積年一萬三千五百七十三。以通周法除之，得三通周，餘六百一十三年。又除第一第二"百六"，共五百七十三年，餘年入第三"百六"。從貞觀十六年壬寅入第二"百六"，至吳乾貞三年己丑，第二"百六"數窮。又從吳大和二年庚寅入第三"百六"，至今乾德四年丙寅，已得三十七年，更二百五十一年，方入第四"百六"。

七六、陽九

陽九。從上元甲寅至今乾德四年丙寅，積年一萬三千五百七十三。以通周法除之，得二通周，餘四千四百五十三年。又以"陽九"數除之，得九，餘年入第十"陽九"。從武德元年戊寅入第十"陽九"，至今乾德四年丙寅，已得三百四十九年，更一百七年，第十"陽九"數窮，重起第一"陽九"。

七七、行香

行香。起於後魏及江左齊、梁間，每燃香熏手，或以香末散行謂之行香。唐初因之。文宗朝，崔蠡奏設齋行香事，無經據乃罷。宣宗復釋教，行其儀。朱梁開國，大明節百官行香祝壽。石晉天福中，① 竇正固奉，國忌行香，宰臣跪爐，百官立班，仍飯僧百人，即爲規式。國朝至今因之。

---

① "福"，原作"禧"，據趙彥衛《雲麓漫鈔》卷三、孔校本改，孔按石晉無天禧年號。

七八、晉書誤勸學爲勤學

蔡謨初渡江，見彭蜞，大喜曰：“蟹有八足，加以二螯。”令烹之。既食，吐下委頓，方知非蟹。詣謝尚而説之。尚曰：“卿讀《爾雅》不熟，幾爲勤學死。”

據荀子《勸學》篇云：“蟹六跪而二螯。”注云：“跪，足也。”引《説文》云：“蟹，六足二螯首也。”

今考《神農本草》，蟹八足二螯，其類甚多。六足者名蜛音跪。① 四足者名北，皆有大毒，不可食。《爾雅》云“蜪蟛曰蜪”，即彭蜪也。似蟹而小。蜪，王穴切。謝尚云“讀《爾雅》不熟”，必《爾雅》説蟹。今本止有彭蜪一事，而他更無，恐《爾雅》脱文也。“勤學”當作“勸學”，恐《晉書》本誤以“勸”爲“勤”也。《建康實録》所引不誤。今許叔重《説文》云：“蟹有二螯八足，旁行。”楊倞引云“六足”，亦誤，又衍一“首”字，亦誤。《韓非子》云：“蟹，螯首如鉞。”即當有“首”字。文字脱落，疑誤學者，可爲嘆息。

---

① “蜛”，孔校本作“蛫”。

七九、菔茹

佛經頌云："菔茹拾花針。"① 《本草》云："菔茹，使人健行見鬼。"《藥性論》云："熱，有大毒。生，能瀉人見鬼，拾針狂亂。雷公云：'勿誤食，眼生暹火。'"② 《史記》："淳于意治王美人懷子而不乳，③ 來意以菔蕩藥一撮，用酒飲之，旋乳。"今醫方並不言能通乳，或云性寒，或云熱，皆不能曉。

八〇、仁頻

《上林賦》云："仁頻。"《仙藥録》云："檳榔，一名仁頻。"《林邑記》云：④ "葉如甘蕉。"頻，音賓。吳普《本草》云："一名檳門。"

---

① "拾"，津逮本作"捨"。

② "生"，原作"出"，據《重修政和證類備用本草》卷十引文、孔校本改。

③ "史"，原無，據《重修政和證類備用本草》卷一〇引文、錢校本、孔校本改。"乳"下，津逮本、四庫本、學津本、涵芬樓本、大觀本、繆校本有"來意"二字。《史記》卷一〇五《倉公列傳》、《重修政和證類備用本草》引文無此二字，孔校本據刪，今從。

④ "林"，原作"杜"，《太平御覽》卷九七一《果部》八《檳榔》引《林邑記》，有"葉似甘蕉"之語，錢校本、孔校本據改，今從。

八一、鼺

《上林賦》:"蜚鼺。"《史記》作蝠,《漢書》作鼺。郭
璞音誄。《神農本草》作"鼺鼠",音贏,飛鼠也。其狀如兔
而鼠首,以其髯飛。《爾雅》:"鼯鼠,一名夷由。"① 郭璞云:
"狀如小狐,似蝙蝠,肉翅,尾項脅毛紫赤色,② 背上蒼艾
色,腹下黄,喙頷雜白,脚短,爪長,尾三尺許。③ 飛且
乳,亦謂之飛生。聲如人呼,食竈烟,④ 能從高赴下,不能
從下上高。"陶隱居云:"鼺是鼯鼠,一名飛生,産婦持之
易生。"

八二、楊柳二種

楊、柳二種。楊樹葉短,柳樹葉長。花即初發時,黄蕊
子爲飛絮。今絮中有小青子,著水泥沙灘上,即生小青芽,
乃柳之苗也。東坡謂絮化爲浮萍,誤矣。

---

① "由",原作"田",據《爾雅》、學津本、大觀本、錢校本、吳校本、孔校本改。
② "尾"上,《爾雅注疏》卷一〇有"翅"字。
③ "尾",原脱,據《爾雅注疏》、孔校本補。
④ "竈",《爾雅注疏》作"火",吳校本、繆校本作"炊"。

八三、人參

人參。許氏《説文》人薓，字與參同。扁鵲云：有毒。或生邯鄲。三月生葉，小花，核黑，莖有毛。九月采根，有頭、足、手，面目如人。《春秋運斗樞》云："搖光星散爲人參。廢江淮山瀆之利，則搖光不明，人參不生。"《禮斗威儀》云："君乘木而王，有人參生。"《廣雅》云："參，地精，人參也。"《梁書》："阮孝緒母疾，須人參。舊傳鍾山所出，有鹿引之，鹿滅，得此草。"《異苑》與《廣五行記》皆云："土下有呼聲，掘之，得人參如人形，四體備具，聲遂絕。"

八四、石斛

石斛出始興六安山傍石上。或生木上，謂之木斛，不中用。盛弘之《荆州記》云："隋郡永王縣有瀧石山，山上多石斛，精好如金環。"

八五、蟹蛇化石

王冶知南恩州，① 其子蓋臣云：“海邊有石山觜，每蟹過之，② 則化爲石，蛇亦然。”

八六、安南玉龍膏

洪炎《雜家》：“安南有玉龍膏，南人用之化銀液。説者云：此膏北來則及禍。韓約都護安南，得其膏持歸。是歲，京師亂，約以附會鄭注，竟赤其族。今黄白家燒金乾汞，必有陰禍也。”

八七、高昌北庭出硇砂

《會要》：雍熙中，供奉官於延德使高昌還，《行程》云：③“王居北庭。北庭山中出硇砂，山中常有烟氣涌起，而無雲霧。至夕，火焰如炬火，照見禽鼠皆赤。采硇砂者著木

---

① “冶”，原作“治”，《大清一統志》卷四四八謂冶乃太原人，紹興初累官知南恩州，據改。

② “過”，繆校本作“遇”。

③ “行”上，孔校本疑脱去一“記”字。

底鞋，若皮爲底者即焦。有穴出青泥，出穴即變爲砂石，土人取以治皮。”

八八、鹽藥

今俗諺云：“如‘鹽藥’。”言其少而難得。《本草·戎鹽部》中陳藏器云：“鹽藥味鹹，無毒，療赤眼，明目。生海西南雷諸州山。石似芒消，① 入口極冷，可傅瘡腫。”又《本草》：“獨自草作毒箭，唯鹽藥可解。”《戎鹽》條中不言，恐有脱誤。

八九、異苑有誤處

《異苑》云：“魏武北征蹋頓，② 升嶺眺矚，見山岡不生百草。王粲曰：‘是古冢。此人在世服礜石，葬而石生熱，蒸出外，故卉木焦滅。’③ 即令發看，果得大墓，内有礜石滿塋。”

---

① “消”，説郛本作“硝”。

② “蹋”，原作“踚”，據四庫本《異苑》卷七改。按《三國志》卷一《魏書武帝紀》有北征蹋頓記載。

③ “卉”，原作“莽”，據《異苑》、《永樂大典》卷一一九八一、錢校本、吳校本、孔校本改。

據本經，礬石性寒，《異苑》云熱，蓋誤矣。① 又魏武六年平烏丸，王粲猶在荆州，其説非也。一云粲在荆州與劉表登彰山，② 嘗見此異。

九〇、摩娑石出三佛齊國

《雞跖》載："摩娑石，出西番山石澗中，辟諸毒。《爐火本草》云：'陽石也。出南中，人傳之不經，云是觀音菩薩所居山，座若手按者也。'"此説大謬。

《寰宇記》："三佛齊國南海水中有山五色聳嶹，其石有小焰。每舶過其下，③ 水流如涌。人或以刀斫擊之，有石迸入船中者，是此石也。燒之，有硫黃氣。"又謂："舶船上下，愛其山石者，多以手捫之，故云摩娑石。"非前説也。匱五金，伏三黃，制鉛汞。

九一、消石

升玄子《伏汞圖》有"試鳥場消石法"，④ 云："其色

---

① "矣"下，吳校本、繆校本、孔校本有"乃礜石也"四字。
② "云"，孔校本作"説"。
③ "舶"上，繆校本、吳校本、孔校本有"船"字。
④ "鳥"，吳校本、繆校本、孔校本作"烏"，下同。

青，取白石英炙令熱，將點上，便消入石中。道書言出烏場國，能消金石爲水，服之盡得長生。其石出處，氣極穢惡，飛鳥不能過其上。人或單服從之過，身上諸蟲盡化爲水，而得長生矣。形若鵝管者佳。”

狐剛子《粉圖》云：“青消石，一名北帝玄珠。又《三十六水方》①《化曾青方》用正消石。觀此，則今世間謂之消石，似非正也。”

《藥名隱訣》云：自古傳消石能化一切金石爲水者，服乃長生。不聞所出之處，徒有其名，而與無無異。近代陶隱居撰《本草》，乃言朴消是消石之朴，又言芒消與石脾合煮，成爲真消石。石脾無復識者，尋其事由，殊爲乖僻，則消石有正有贋，②信矣。然經謂消石天地至神之物，陶言今無正石，亦未爲全失。今《圖經》引梁、隋間方書，謂雖非真石，而其功效既相近，亦可通用，則今世所用者或可也。

崔昉《爐火本草》云：“消石，陰石也。”此非石類，即鹹鹵煎成，今呼焰消。③是河北商城及懷、衛界沿河人家刮滷淋汁所就，與朴硝、小鹽一蔗煎之，能制伏鉛，出銅暈。南地不產。朴消能熟皮，芒消可入藥用。④今消石注乃云此

---

① “水”上，錢校本、吳校本、繆校本、孔校本有“神”字。
② “正”，吳校本作“真”，下同。
③ “消”，錢校本作“硝”。
④ “可”，繆校本作“即”。

即地霜。所在山澤，冬月地上有霜，掃取以水淋汁後，乃煎煉而成。蓋以能化諸石，故名消石，非與芒消、朴消一類而有消名也。

《圖經》又云：今醫方家但以未煉成塊微青色者爲朴消，① 煉成盆中上有芒者爲芒消，② 其芒消底澄凝者爲消石。③ 又云：煉朴消或地霜而成堅白如石者，乃消石也。則雜煉朴消、地霜而成消石是矣，非別有消石也。

余謂不假煎煉，如仙經所言，乃正消石。設煎煉而成者，亦名消石，乃今世所用焰消，亦能伏八石。而芒消可入藥，且據所有用之耳，④ 非必消石爲天地至神之物也。⑤《丹房鏡源》諸消篇有馬芽消、⑥ 朴消、芒消、縮砂、坑消五種。若消石則列在諸石篇中，可見也。⑦

九二、鹽消

《仁和縣圖經》云："鹽消，出縣東十里，煉成朴消。又

---

① "色"，繆校本、孔校本無此字。
② 前"芒"上，繆校本無"有"字。
③ "凝"，繆校本無此字。
④ "耳"，繆校本作"的"。
⑤ "必"，吳校本、繆校本作"正也"，孔校本按作"正也"，"也"後爲句號。
⑥ "芽"，學津本、大觀本、孔校本作"牙"。
⑦ 此條繆校本注："今世無消石皆以樸清煉成者也。"

有冬月自地中涌起消通透光瑩者，名霜花，亦名劍脊消。藥
中用爲玄明粉、紫雪之屬。"

九三、熟紙匠裝潢匠

唐秘書省有熟紙匠十人，裝潢匠六人。潢，《集韻》音
胡曠切。①《釋名》："染紙也。"《齊民要術》有《裝潢紙法》
云："浸蘗汁入潢，凡潢紙滅白便是，染則年久色暗，蓋染黃
也。"後有《雌黃治書法》云："潢訖治者佳，先治入潢則
動。"《要術》，後魏賈思勰撰，則古用黃紙寫書久矣。寫訖
入潢，辟蠹也。今惟釋藏經如此，先寫後潢。《要術》又云：
"凡打紙欲生，生則堅厚。"則打紙工蓋熟紙匠也。予有舊佛
經一卷，乃唐永泰元年奉詔於大明宮譯，後有魚朝恩銜，又
有經生并裝潢人姓名。②

九四、夏姬③

《春秋》："夏姬乃鄭穆公之女、陳大夫御叔之妻。其子

---

① "集韻音"，説郛本作"集音韻"。
② "又"，原脱，據《永樂大典》卷六五〇三引文、孔校本補。
③ 繆校本注："夏姬乃女妖也。"

徵舒弒君。徵舒行惡逆，姬當四十餘歲，乃魯宣公十一年。
歷宣公、成公，申公巫臣竊以逃晉，又相去十餘年矣。後又
生女嫁叔向，計其年六十餘矣，而能有孕。”《列女傳》云：
“夏姬內挾技術，蓋老而復壯者。三爲王后，七爲夫人。”或
云：“凡九爲寡婦，當之者輒死。”《左氏》所載，當之者已
八人矣。宇文士及《妝臺記》序云：“春秋之初，有晉、楚
之諺曰：‘夏姬得道，雞皮三少。’”

九五、秦嘉徐淑往還詩文

秦嘉，字士會，隴西人也。爲郡上掾。① 一作計。其妻徐
淑寢疾還家，不獲面別，贈詩云：②

人生譬朝露，居世多屯蹇。憂艱常早至，歡會常苦晚。
念當奉時役，去爾日遙遠。遣車迎子還，空往復空返。省書
情悽愴，③ 臨食不能飯。獨坐空房中，誰與相勸勉。長夜不
能眠，伏枕獨展轉。憂來如尋環，匪席不可卷。

---

① “上”，原作“生”，四庫本、學津本、大觀本、程校本作“主”，《玉臺新咏
集》卷一、涵芬樓本、錢校本、吳校本、繆校本、孔校本作“上”。按，“上”是。
② 孔校本按《玉臺新咏集》卷一此詩爲秦嘉作。
③ “情”，錢校本、吳校本、繆校本注：“一作益。”

嘉報以詩云：

帝靈無私親，爲善荷天禄。傷我與爾身，少小惟煢獨。① 既得結大義，歡樂苦不足。② 念當遠離別，思念叙款曲。河廣無舟梁，道遠隔丘陸。③ 臨路懷惆悵，中駕正躑躅。浮雲起高山，悲風激深谷。良馬不迴鞍，輕車不轉轂。針藥可屢進，愁思難爲數。貞士篤終始，恩義不可屬。

肅肅僕夫征，鏘鏘揚和鈴。清晨當引邁，束帶待雞鳴。顧看空室中，仿佛想姿形。一別懷萬恨，起坐爲不寧。何用叙我心，遣思致款誠。④ 寶釵可耀首，明鏡可覽形。芳香去垢穢，素琴有清聲。詩人感木瓜，乃欲答瑶瓊。愧彼持贈厚，慚此往物輕。雖知未足報，良用叙我情。⑤

淑又答詩一首：⑥

妾身兮不令，嬰疾兮來歸。沈滯兮家門，歷時兮不

---

① "惟"，《玉臺新咏集》、孔校本作"罹"。
② "苦"，繆校本作"若"。
③ "遠"，繆校本作"近"。
④ "遣"，《玉臺新咏集》、繆校本、孔校本作"遺"。
⑤ "良"，《玉臺新咏集》、繆校本、孔校本作"貴"。
⑥ 繆校本注："淑又作徐淑。"

差。曠廢兮侍覲，情敬兮有違。君今兮奉役,① 遠適兮
京師。悠悠兮離別，無因兮叙懷。瞻望兮踴躍，佇立兮
徘徊。思君兮感結，夢想兮容暉。君發兮引邁，去我兮
日乖。恨無兮羽翼，高飛兮相追。長吟兮永嘆，淚下兮
沾衣。

嘉與妻書曰：

不能養志，當給郡使。隨俗順時，僶勉當去。知爾
所苦，尚未有瘳。② 想念悒悒，勞心無已。當涉遠路，
趨走飛塵。③ 非志所慕，慘慘少樂。又計往還，將彌時
節。念發同怨，意猶遲遲。欲暫相見，有所屬托。今遣
車往，想必有方。

淑答書曰：

知屈珪璋，應奉歲使。策名王府，觀國之光。雖失
高素皓然之業，亦是仲尼執鞭之操也。自初承問，心願

---

① “役”，《玉臺新咏集》、吳校本、繆校本、孔校本作“命”。
② “尚”，《藝文類聚》卷三二、繆校本、孔校本作“故爾”。
③ “飛”，吳校本作“風”。

東還。迫疾惟亟，抱嘆而已。日月已盡，行有伴列。想嚴裝已辦，發邁在近。誰謂宋遠？企予望之。室邇人遐，我勞如何！深谷逶迤，而君是涉；高山巖巖，而君是越。斯亦難矣。長路悠悠，而君是踐；冰霜慘烈，而君是履。身非形影，何得動而輒俱？體非比目，何得同而不離？於是誦萱草之咏，以消兩家之思；① 割今者之恨，以待將來之歡。君適樂土，優游京邑。觀王都之壯麗，察天下之珍妙，得無目玩意移，往而不能出耶！

嘉重報妻書曰：

車還空反，甚失所望。兼叙遠別？恨恨之情，顧尤悵然。間得此鏡，既明妍媸；及觀文彩，世所希有。意甚愛之，故以相與。並寶釵一雙，妙香四種，素琴一張，常所自彈也。明鏡可以鑑形，寶釵可以耀首，芳香可以馥身，素琴可以娛耳。

淑又報嘉書曰：

---

① "思"，原作"恩"，據學津本、孔校本改。

　　既惠音令，兼賜諸物。厚意慇懃，出於非望。① 鏡有文彩之麗，釵有殊異之觀。芳香既珍，素琴益好。惠異物於鄙陋，割所珍以相賜。非豐恩之厚，孰肯若斯！覽鏡執釵，情意仿佛；操琴咏詩，思心成結。② 敕以芳香馥身，喻以明鏡鑑形。③ 此言過矣，未獲我心也。昔詩人有飛蓬之感，班婕妤有誰榮之嘆。素琴之作，當須君歸；明鏡之鑑，當待君還。未奉光儀，則寶釵不列也；未侍帳帷，④ 則芳香不發也。

　　梁鍾嶸《詩評》曰："二漢爲五言不過數家，而婦人居二。徐淑《寶釵》之作，⑤ 亞《團扇》矣。"

九六、五臣誤注三殤

　　《東坡志林》云："謝瞻《張子房詩》云：'苛慝暴三

---

　　① "既惠音令"至"出於非望"十六字，原脱，據《全上古三代秦漢三國六朝文》之《全後漢文》卷九六、繆校本、孔校本補。
　　② "成結"，原誤倒，據吳校本、繆校本、孔校本乙正。
　　③ "鑑"，繆校本作"覽"。
　　④ "帷"，孔校本作"幄"。
　　⑤ "寶釵"，孔校本按鍾嶸《詩品》卷中作"叙別"。

殤。'① 此謂上中下傷，言秦無道，戮及挐稚也。② 五臣注乃引'苛政猛於虎，吾父、吾子、吾夫皆死於是'，謂夫與婦爲傷，③ 此豈非俚儒之荒陋者乎？"

余觀《宣遠》詩云：④ "王風哀以思，周道蕩無章。卜洛易隆替，興亂罔不亡。秦政吞九鼎，苛慝暴三殤。息肩纏民思，靈鑑集朱光。伊人感代變，⑤ 聿來拱興王。"恐爲穆公殺三良，不使終其天年，此《黃鳥》之詩所以哀也。殉葬乃始於秦，其苛慝可知。

九七、韋蘇州生平大略

葛繁校《蘇州韋刺史集》十卷，今平江板本是也。刺史，洛陽人，姓韋氏，名應物。正元中，以左司郎中出爲蘇州刺史。書目、姓名略見《唐書·藝文志》，其詳不載於正史，不可得而考也。

今觀其《逢楊開府》詩云："少事武皇帝，無賴恃恩私。

---

① "殤"，原作"傷"，據《文選》卷二一《張子房詩》、《蘇軾文集》卷六七《書謝瞻詩》、孔校本改。
② "挐"，孔校本作"挐"。
③ "婦"，《蘇軾文集》、孔校本作"父"。
④ "余"下，繆校本有"今"字。
⑤ "變"，《文選》卷二一、吴校本、繆校本、孔校本作"工"。

身作里中横，家藏亡命兒。朝持樗蒲局，① 暮竊東鄰姬。司隸不敢捕，立在白玉墀。驪山風雪夜，長楊羽獵時。一字都不識，飲酒肆頑癡。武皇升仙去，憔悴被人欺。讀書事已晚，把筆學題詩。兩府始收迹，南宮謬見推。非才果不容，出守撫惸婺。忽逢楊開府，論舊涕俱垂。坐客何由識，唯有故人知。”又《溫泉行》云：“出身天寶今年幾，頑鈍如鎚命如紙。作官不了却來歸，還是杜陵一男子。”又云：“身騎厩馬引天仗，直入華清列御前。”是嘗爲三衛而踪迹不羈也。

《燕李録事》詩云：“與君十五侍皇闈。”又《京師叛亂寄諸弟》云：“弱冠遭世難，二紀猶未平。”當天寶十五載六月，明皇避安禄山之難，是年應物年二十。至寶應元年建巳月上皇崩，則武皇升仙之時，應物年二十七。

又《示從子河南尉班詩序》云：“永泰中，予任洛陽丞。”則應物年二十九。

及其來吳，《贈舊識》云：“少年游太學，負氣蔑諸生。蹉跎三十載，今日海隅行。”則少嘗游太學，蓋武皇升仙後二年入太學，遂爲丞也。

自洛陽丞爲京兆府功曹。大曆十四年，自鄠縣令別除櫟陽令，② 以疾歸善福精舍。建中二年，由前資除比部員外郎，

---

① “樗”，大觀本、孔校本作“摴”。
② “櫟”，孔校本作“轢”。

出爲滁州，改判江州，改左司郎中。

貞元初，又歷蘇州，罷守，寓居永定精舍。以詩考之，歷官次序如此。《廣德中洛陽作》云：'蹇劣乏高步，緝遺守微官。①廣德二年，乃當永泰之元時爲洛陽丞。②自京師叛亂之後，至德、乾元、上元、寶應數年間，折節讀書，遂入仕，而因謂之微官也。③

《善福精舍書》注：④"建中二年除比部。"則應物年四十五。建中四年十月三日，京師兵亂，自滁州間道遣使。明年興元甲子歲五月九日使還，《寄諸弟作》詩云："歲暮兵戈亂京國，帛書間道訪存亡。"乃德宗幸奉天時，應物年四十八。自後守九江，至爲蘇州刺史，計其年五十餘矣。以集中事及時人所稱，考其仕官如此，⑤得非遂止於蘇耶？

按，白居易《蘇州答劉禹錫》詩云："敢有文章替左司。""左司"蓋謂應物也。官稱止如此。其集中詩《寄大梁諸友》云："分竹守南譙，弭節過梁地。"則是守亳時也。⑥

---

① "廣德中洛陽作"至"緝遺守微官"十七字，原脱，據《韋江州集》卷六《廣德中洛陽作》、吳校本、繆校本、孔校本補。
② "當永泰之元時"原脱，據繆校本、孔校本補。
③ "謂"，原作"請"，據錢校本、孔校本改。
④ "書"，錢校本作"詩"。
⑤ "官"，錢校本、吳校本作"宦"。
⑥ 繆校本注："時抄作社。"

篇末云：“相敦在勤事，海内方勞師。”似與興元甲子不遠也。①

又唐小説載與諸公倡和，稱韋十九。林寶《姓纂》云：“周逍遥公復之後，左僕射扶陽公持價生司門郎中令儀，② 令儀生鑾，鑾生應物，應物生監察御史、河東節度掌書記慶復。”

李肇《國史補》云：“爲人性高潔，鮮食寡欲。所居焚香，掃地而坐。③ 其爲詩，馳驟建安已還，各得風韻。”又云：“開元以後，位卑而著名者：李北海、王江寧、李館陶、鄭廣文、元魯山、蕭功曹、張長史、獨孤常州、崔比部、梁補闕、韋蘇州。”其大略可見如此。④

九八、常棣詩作者

詩《常棣》，⑤ 燕兄弟也。憫管、蔡之失道，故作《常棣》焉。毛注云：“周公弔二叔之不咸，而使兄弟之恩疏。

---

① “也”，原本無，錢校本、吳校本、繆校本、孔校本有“也”字。孔按此上有“蓋謂應物也”“則是守毫時也”，此處“也”不可少，據補。

② “持價”，錢校本、吳校本作“禦賈”。

③ “掃”，孔校本作“席”。

④ 此條繆校本注：“韋蘇州少年乃一無賴子也。”

⑤ “常”，錢校本、繆校本作“棠”，下同。

召公爲作此詩，而歌以親之。"《史記》《譙周》皆以召公爲周公之庶兄。《左氏傳》：王怒，以狄伐鄭。富辰諫曰："不可。臣聞昔周公弔二叔之不咸，故封建親戚以蕃屏周室。①召穆公思周德之不類，故糾合宗族於成周，而作詩曰'常棣之華，② 鄂不韡韡。凡今之人，莫如兄弟'云云。"孔穎達云："此詩自是成王之時周公所作，以親兄弟。但召穆公見厲王之時，兄弟恩疏，重歌周公所作之詩以親之耳。"不言召公所作，當別有據。③

九九、盧政議詩

"青衫白髮老參軍，旋糶黃粱買酒罇。但得有錢留客醉，也勝騎馬上人門。"④ 此詩膾炙人口，不知誰作。見施僉判德操云："乃德清人法原之祖盧政議詩。"更有一絕："十月都門風薄衣，搗砧聲裏雁南飛。野人不識長安樂，且趁鱸魚一棹肥。"

---

① "室"，錢校本無此字。
② "常"，錢校本作"棠"。
③ "據"上，繆校本有"所"字。
④ "上"，説郛本作"傍"。

一〇〇、燈檠

古詩云：“燈檠昏魚目。”讀檠爲去聲。《集韻》：“檠，渠映切。有足，所以几物。”又：“檠，音平聲，榜也。”非燈檠字。韓退之云“牆角君看短檠棄”，亦誤也。

一〇一、吉姓

吉姓。《元和姓纂》云：“尹吉甫之後，以王父字爲氏。漢有漢中太守吉恪。”賈昌朝《音辨》云：“吉，氏也。”引《詩》謂之尹吉，其乙切。《崧高》詩注云：“尹，官氏也。”《風俗通》云：“師尹，三公，官也。以官爲姓，周有尹喜、尹吉甫。”《姓纂》又云：“少昊之子封於尹城，因氏焉。”然吉、尹二姓，俱出尹吉甫之後。但詩注以尹爲官，以吉爲姓，未知孰是。

一〇二、劍

歐公父《墓表》云：“回顧乳者，劍汝於其旁。”《曲禮》曰：“負劍辟咡詔之。”注云：“負謂置之於背，劍謂挾之於旁。”

一○三、絳縣老人得歲

絳縣老人云："臣生之歲，正月甲子朔，四百有四十五甲子矣。其季於今，三之一也。"季者，末也；今，今日也。謂已得四百四十五全甲子，其末一甲子六十日，而今日乃癸未，纔得二十日也，故曰三之一。

文公之十一年，至襄公三十年，通七十四年。以《年表》考之，文公之十一年，歲在己巳，襄公之三十年，歲在戊午。今乃云七十三年者，蓋謂襄公之三十年，上距文公之十一年，得七十三年也。所謂亥二首六身者。注云："亥字二畫在上，併三六爲身，如筭之六。"蓋古之亥字如此寫，① 故曰"二首六身"，其下六畫如"算"子三個六數也。② 所謂"下二如身"，是其日數，則六千六百六旬也。故曰是日數也。且四百四十五甲子，合得二萬六千七百日，乃差四十日。則前所謂"其季於今三之一"，謂其末一甲子纔得二十日，故少四十也。且不謂之日而謂之旬者，蓋古以甲子數日，故謂之旬。如今陰陽家所謂"甲子旬中""甲午旬中"之類是

---

① "寫"上，原有"二多"，繆校本注"抄無二多兩字"，據刪。
② "子"，大觀本、吳校本、繆校本、孔校本作"字"。

也，與《書》"期，三百有六旬"同。①

一○四、孟浪

《集韻》引向秀云："孟浪，無取舍之謂。"② 孟，音母朗切。

一○五、玉筍與玉筍班

《唐書》載："李宗閔知貢舉，門生多清秀俊茂，唐仲、薛舉、袁都輩，③ 時謂之"玉筍"。"玉筍班"恐因此而得名。④

一○六、戢武閣

唐初功臣皆云圖形凌烟閣。而《河間元王孝恭碑》乃作戢武閣。豈凌烟先名戢武而後改之邪？又《段志玄碑》亦云

---

① 此條繆校本注："五全甲子不過七十年，未爲長壽也。"
② "取"，繆校本作"趣"。
③ "仲"，繆校本作"伸"，《新唐書》卷一七四《李宗閔傳》作"沖"，"舉"作"庠"。
④ "玉"上，繆校本有"然"字。

圖形戢武閣。

一〇七、名字

封德彝名倫，房玄齡名喬，高士廉名儉，顏師古名籀，而皆云以字行。[①] 顏之推云：“古者，名終則諱之，字乃以爲子孫，[②] 江北士人全不辯之，名亦呼爲字，字固爲字。”顏師古《刊謬正俗》云：[③]“或問：有稱字而不稱名，何也？”顏師古考諸典故，故以稱名爲是。顏師古立論如此，而乃以字行，不可曉也。

一〇八、河伯姓字里籍

唐《河侯新祠頌》，秦宗撰，云：“河伯姓馮，名夷，字公子，潼鄉華陰人也。”章懷《張衡傳注》引《聖賢冢墓記》云：[④]“馮夷，弘農華陰潼鄉堤首里人。服石得水仙，爲河伯。”又引《龍魚河圖》云：“河伯，姓吕，名公子。夫人姓

---

① “云”，説郛本無此字。
② “字乃以爲子孫”，《顏氏家訓》卷二《風操篇》作“字乃可以爲孫氏”。
③ “刊”，吴校本、繆校本、孔校本作“匡”。
④ “張衡”原脱，據《後漢書》卷五九、孔校本補。

馮，名夷。"三說雖異，其實皆無所據。①

一〇九、唐以前謂楷字爲隸

東魏大覺寺碑陰題銀青光禄大夫臣韓毅隸書，蓋今楷字
也。庾肩吾曰："隸書，今之正書也。"張懷瓘《六體書論》
亦云："隸書，程邈造。字皆真正，亦曰真書。"自唐以前皆
謂楷字爲隸，歐公《集古録》誤以八分爲隸書也。

一一〇、綿州越王樓

杜甫《越王樓》詩云：②"綿州州府何磊落，顯慶年中越
王作。孤城西北起高樓，碧瓦朱甍照城郭。樓下長江百丈清，
山頭落日半輪明。君王舊迹今人賞，轉見千秋萬古情。"《綿
州圖經》云："越王臺在綿州城外西北，有臺高百尺，上有
樓，下瞰州城。唐顯慶中太宗子越王貞任綿州刺史日，③ 作
詩云'孤城西北起高樓，碧瓦朱甍照城郭'是也。"

---

① "實"，繆校本作"説"，注"抄無皆字"；"皆無所據"，説郛本作"無考稽處
則同"，繆校本作"無所稽據則同"。
② 《杜工部詩集》卷九標題作《越王樓歌》。
③ "貞"，原作"真"，避諱也，今改。

一一一、嵩高少姨廟

韋蘇州《送黎六郎》詩云："聞話嵩峰多野寺，不嫌黄綬向陽城。釣臺水緑荷已生，少姨廟寒花始遍。"楊炯撰《少姨廟碑》："《漢·地理志》云：嵩高少室廟，其神爲婦人像者，故老相傳云啓母塗山氏之妹也。"

一一二、吕公表

唐《吕公表》，吕諲也。元結撰，前太子文學、翰林待詔顧誡奢書。即杜甫所贈顧八分文學詩是也。

一一三、六公咏

唐《六公咏》，李邕撰，胡履虚書。杜甫《八哀》詩云："朗咏《六公篇》，憂來豁蒙蔽。"六公者，五王爲一章，狄丞相別爲一章云。

一一四、露門

《北史》："後周武帝天和二年甲辰，立露門學，置生七十二人。六年春正月己酉朔，以朝露門未成故，① 廢朝。"又建德三年春正月，朝群臣於露門。宣皇帝大象元年春正月己丑受朝於露門。天成二年二月丁巳，帝幸露門，學行釋奠禮。靜帝二年，宣帝寢疾，詔宰相入宿露門。世用露門"勸講"，二字未詳所出。

一一五、杜牧之小蓮娃二句與杜甫竹根稚子句同意

杜牧之《朱坡》詩云：② "小蓮娃欲語，幽筍稚相攜。"言筍如稚子，與杜甫"竹根稚子無人見"同意。

一一六、瓊田草

瓊田草生於分寧山谷間。有《瓊田草經》一卷。八月十

---

① "以"，原作"已"，據《周書》卷五、《北史》卷一〇、錢校本、吳校本、繆校本、孔校本改。
② "朱"，錢校本作"東"。

五日采之。草有十名，曰不死草、長生草，又云苦天之類。①

一一七、蟬花

《本草》："蟬殼謂之蟬花。"今成都有草名蟬花。今有乾者，視之，乃蟬額裂面抽莖，上有花，善治目，未知如何用也。

一一八、元祐三年狀元笏記

元祐三年，《狀元笏記》，黃魯直代云："密對天光，恭承聖訓。曾是草茅之賤，獲沾雨露之恩。"又云："顧得助於眾賢，更圖寧於多士。"

一一九、歲差

天運八十一歲差一度，名曰歲差。洛下閎云"五百年當差一度"，後人臆説也。

———————

① "苦天"，吳校本、繆校本作"若夫"。

一二〇、辨犀

犀以黑爲本。其色黑而黃，曰正透；黃而有黑邊曰倒透。正者，世人貴之，其形圓，謂之通天犀。南中有僞者。磨之漸熱，乃驗。犀性涼，磨之不熱。

一二一、宣徽使建節鉞判州

宣徽使及建節鉞，則稱判某州，餘則知。

一二二、大起居

每大起居，宰執侍班於垂拱隔門外東廊廬中，三帥庭下聲喏。捲簾及半，起身答之，祖宗之制也。

一二三、吳門

《前漢·梅福傳》："福棄妻子去九江，至今傳以爲仙。人有見福於會稽者，變名姓爲吳市門卒。"或云吳門乃洪州，今有吳門鎮，九江去亦不遠矣。

一二四、宰執出鎮帶銜

資政、觀文二小殿，横列禁中。宰相出鎮帶資政殿大學士，執政無大字。蘇易簡出，被遇獨厚。遷紫宸之日，[①] 以稱呼不便，更用觀文。因此，宰執出鎮優遇者，則除之。

一二五、會稽帶鈴司醖酒限數

藩郡帶鈴司醖酒不限數。惟會稽則不然，必有由也。

一二六、麻剝

麻三剝四，謂麻一行三字，[②] 剝一行四字。[③]

一二七、宇文伯修古鼎

宇文伯修有一古鼎，款識云"鞏酌宫"。

---

① "日"，原作"目"，乃誤刊，今改。
② "一"上，吳校本、繆校本、孔校本有"制"字。
③ "一"上，吳校本、繆校本、孔校本有"麻"字。

一二八、大慶殿玉磬

大慶殿玉磬十六，新造也。其下跌以鳳。初以獅子不出於三代，故易之。

一二九、在内官無使名

官制，以在内官不當有使名，盡略之。無樞密使，只云知樞密院、同知樞密院。舊制，樞密使獨班知院并參政，用拜命先後爲立班之序。

一三〇、矷

矷。鄰知切，又力智切，又力制切。引《詩》“深則矷”，今《詩》本改作“厲”字。① “矷”出《集韻》《類篇》，履石渡水也。

---

① “厲”，原作“厝”，據大觀本、錢校本、孔校本改。

一三一、古今花異名

唐昌觀玉蕊花，今之散水花。揚州瓊花，今之聚八仙，但木老耳。

一三二、招提

唐會昌五年，毀招提蘭若四萬餘區。又《會要》："元和二年，官賜額爲寺，私造者爲招提蘭若。"僧輝記：梵云拓鬥提奢，唐言四方僧物。但傳筆者訛"拓"爲"招"，去"鬥""奢"留"提"字也。①"招提"，乃十方住持耳。

一三三、僄

僄，音豹，越也。唐制，官新到官府併上者謂之僄。今俗謂程外課作者謂之僄工。《玉篇》云："僄，連直也。"凡當直之法，自給舍丞郎入者，三直無僄；自起居郎官入者，五直一僄；御史、補闕入者，七直兩僄；其餘雜入者，十直

---

① "留"，孔校本作"爲"。

三儌。或有作豹伏之義，非也。

一三四、象膽

江鄰幾云："《山海經》云'象膽在四足'。"今《山海經》無此語。"象膽隨四時在足"，① 見《酉陽雜俎》。

一三五、雷神書字

毗陵古寺柱間有雷神書字一行云"石牸侯十三人火"，② 下有"緒月"二字。"緒月"見佛書。

一三六、匡山

杜詩云："匡山讀書處，頭白早歸來。"李太白，青山人，多游匡廬，故謂之匡山。《綿州圖經》云："戴天山在縣北五十里，有大明寺。開元中李白讀書於此寺。又名大康山，即杜甫所謂'康山讀書處'也。"恐《圖經》之妄。

---

① "隨"，原作"遲"，《酉陽雜俎》前集卷一六《象膽》曰"隨四時在四腿，春在前左，夏在前右"，錢校本、孔校本據改，今從。

② "人火"，津逮本、孔校本作"火人"。

一三七、宣室二義

《淮南子》云："武王破紂，殺之於宣室。"許叔重云："宣室在朝歌城外。"宣室，殷宮名。一曰：宣室，獄也。音"宣和"之宣。漢未央前殿有宣室，温室。音暄，見《集韻》。

一三八、楊王孫文翁之名

《西京雜記》："楊貴，字王孫，京兆人也。生時厚自奉養，死則裸葬於終南山。[1] 其子孫掘土鑿石，深七尺而下尸，上復蓋之以石。"[2] 又張崇文《歷代小志》："文翁，姓文，名黨，字仲翁。景帝時爲蜀郡太守。"今《漢書》皆不載其名，姑録於此。

一三九、金吾

《漢·百官表》："中尉，秦官。武帝太初元年，更名執

---

[1] "則"，《西京雜記》卷一、吳校本、繆校本、孔校本作"卒"。
[2] "蓋"，原作"益"，據大觀本、繆校本、孔校本改；"石"下，繆校本有"欲儉而反奢也"六字。

金吾。"應劭曰:"吾者,禦也。掌執金革以禦非常。"師古曰:①"金吾,鳥名也。主辟不祥。天子出行,職主先導,以禦非常,手執此鳥之象,② 因以名官。"崔豹《古今注》云:"執金吾,棒也。以銅爲之,金塗兩末,謂之金吾。"二說不同。

一四〇、大禮畢賞給諸軍次第

大禮畢,賞給諸軍次第:

第一曰殿前左右班御龍直、骨朵直、内殿直、散員、散指揮、散都頭、散祗候、金槍班、銀槍班、東第一至第五、西第一至第二,茶酒新舊班、招箭班、弓箭直、弩直、散直、③ 鈞容直、習馭直、隨龍忠佐。

第二曰捧日二十指揮,左第一軍至第二軍,右第一軍至第二軍。天武二十指揮,同上。拱聖十四指揮,神勇十四指揮,勝捷十指揮,驍騎十四指揮,左右各一至第七。驍勝六指揮,左右各一至第三。宣武十五指揮,殿虎六十指揮,左右各三軍,軍各十指揮。

---

① "師",原脱,據《漢書》卷十九上注文、大觀本、吳校本、繆校本、孔校本補。

② "手"上,《漢書》卷一九上注文、吳校本、繆校本、孔校本有"故"字。

③ "直",原脱,《宋史》卷一六六《職官志》六《殿前司》騎軍有"散直",孔校本據補,今從。

水軍指揮宣朔第一龍猛六指揮、廣勇二十一指揮、驍騎第七第八管節度使。①

第三曰龍衛二十指揮，左右各二軍，軍各五營。神衛二十指揮，同上。雲騎七指揮，步虎六十指揮，左右各三軍，軍各十指揮。步虎水軍飛山甲指揮第一第二，牀子弩指揮第一第二。自捧日已後，計三百二十六指揮。

馬世父云：“其先公在户部日，嘗檢宣和間舊例。所聞如此。”

一四一、水經恐非桑欽撰

《水經》，世以爲桑欽撰。予讀《易水》注云：“易水經其東南，合滱水，故桑欽曰：‘易水出北新城西北，② 東入滱自下。’”“滱”“易”互受通稱矣。又廣陽縣溪水亦引桑欽説。且《水經》正文皆無此語，非桑欽撰，當別有書也。古書散亡，良可嘆已。

---

① “驍”上，繆校本有“龍”字，“節”上有“軍”字。
② “新”上，孔校本無“北”字。

西溪叢語跋

　　右《西溪叢語》上下卷，宋姚寬撰。明俞憲謂寬無顯名。案：寬字令威，嵊縣人。父舜明，紹興四年進士，南渡歷官户部侍郎、徽猷閣待制。寬以父任補官，至權尚書户部員外郎、樞密院編修官。《葉水心集》記寬策完顏亮入寇必敗事，深嘆其智不可及，以不及識面爲憾，則非無顯名者。明人考據之疏如此。

　　葉氏又稱其著書二百卷，從孫鎔以公《西溪叢語》遺余，則宋固嘗刊行。今舊本絶少概見，《四庫》作三卷，《津逮秘書》《學津討原》《稗海》並二卷，皆闕姚氏自序。此即《帶經堂集》所稱鶒鳴館舊刻也。亦分二卷，多自序，并俞憲刻書序。漁洋本無序，故云刻書源委無考。今知爲嘉靖戊申臨溪楊子武昌刊本。以鶒鳴名館，漁洋謂朝士之被放逐者。楊子不知何人，遂無以徵其説也。

　　蔣氏別下齋影宋抄本，"海上人"下，有"凡木一歲生一節，來歲復於節上再長也"一條。"宣和貴人"條下，有

"樹萱録引杜詩云虬鬚須似太宗，色映寒夜春"。又云"子章
髑髏血模糊，懷中瀉出呈大夫"一條。"台州杜濆"下，有
"詩人用字，各有所宜，梅言橫，松言架。何遜詩云'枝橫
卻月觀，花繞淩風臺'，江淹詩云'風散松架險，雲鬱石道
深'，杜甫詩云'南望青臺松架短壑'"一條。並見上卷。此本
皆失之。然刻畫精良，款式古雅，固亦罕見之秘帙也。己未
春日，無錫孫毓修跋。

附　録

一、序跋題識類

1.［宋］黄朝英撰：《靖康緗素雜記》，上海古籍出版社
1986 年版。

《西溪叢語》二卷，宋姚寬撰。《四庫全書》著録，《宋
志》止作《叢語》上下二卷，蓋省文爾。是書凡二百六十三
條，皆考正舊文之異同，及其僞誤之處，頗多精確，而閒□
疏舛□大致與黄朝英《靖康緗素雜記》、張淏《雲谷雜記》
相近，故爲考據之學者，多有取於斯焉。（周中孚《鄭堂讀
書記》）

2.［明］毛晋撰，潘景鄭校訂：《汲古閣書跋》，古典文
學出版社 1958 年版。

讀姚令威《西溪叢語》，喜其破人幾許疑團也。即如淵
明咏《山海經》風雅輩。無不日把玩之。其間烏舄難分，朱

黃岡措，寧不遺譏老蠹哉！予舊刻是書，竊嘗作辨證，令威先得我心同然矣。神女見夢於宋玉，千古誣爲襄王故事，援李義山詩證之，亦一快事也。雖然，令威得之義山，不知義山又何所據而然。是耶非耶，吾不得而知也。孟子曰：“盡信書，則不如無書。”

3. ［清］王士禛撰《重輯漁洋書跋》，中華書局 1958 年版。

右《西溪叢語》，宋姚寬撰，鶡鳴館舊刻。康熙壬申秋七月望日，得之慈仁寺市。上下卷各闕二紙，乃取汲古閣本讎對補完，裝潢而藏之。陶詩《讀山海經》第十二篇云：“鴟鶇見城邑，其國有放士。”《經》云：“拒山有鳥，其狀如鴟而人手，其音如痺，其名曰鶇，其鳴自號，見則其國有放士。”此書首尾無序，不知刻者誰何，其云“鶡鳴”，殆正、嘉間朝士之被放逐者歟？

4. ［清］黃丕烈著，潘祖蔭輯，周少川點校：《士礼居藏書題跋記》，書目文献出版社 1989 年版。

《西溪叢語》二卷（校明抄本）：

吳郡沈辨之野竹齋校本，紕謬尚未盡，亦當再讀一過，此本雖訛謬殆不可讀，然刻本藉之得以補脫、改正宏多，幸勿忽視之。仲老記。

《西溪叢語》最舊爲鶡鳴館刻。向爲壽松堂蔣氏得瀘溪坊顧氏書，有錢遵王校本，因借校於《津逮》本上，雜諸書堆中，檢而失之。適小讀書堆有舊抄本，爲嘉靖時野竹齋沈與文所藏，較遵王本爲古，但不知異同若何，復從壽松借之。乃壽松又有一舊抄本，止上卷，抄本亦後於沈本，而訛謬亦復不少，茲取以參沈本，就可而存者，書於此上方；錢本可參校本者，書於下方。至於叙次先後，壽松舊抄本略與沈本同；錢本叙次倒置，脱落亦多，遵王悉校之，其校正略同沈本，卻非出於沈本，其跋不詳本所自出，故未可知也。錢跋別録附考。乙卯秋，復翁記。

　　余前校錢本，曾借過張訒庵所藏吳枚庵臨何小山校本，在鶡鳴館舊刻上，久而忘之矣。今因得此舊抄，復與訒庵談及，重借訒庵本覆之，雖臨何小山本，卻與此校本又不同，因復校於下方。注云刻者何校，此本之所從出也；又校之未盡也，亦注云刻者何校；於刻本而又不出於此抄者，正是此本，而末云“七十四病叟煌記”，又與“仲老記”者異矣。復翁記。（附記壽松堂蔣氏兩抄本：一本藍格本，每葉二十行，每行二十二字，前有序，標題下不分卷，結尾亦只標書名，無卷數。按諸沈本，實上卷也。一黑格本，每葉二十行，每行二十一字，原失序，分上卷、下卷，上卷計脱七條，下卷計脱兩半條、一全條，皆遵王手補。其顛倒處，亦以數目先後志之。最後有跋語三行，附著於此。

　　己酉清和晦日，校於過古堂之北窗，雙鈎闌外，柳罩池面，黃鶯坐濕，求其友聲，可謂今雨來人不到門矣。貫花道人錢遵王記。按：己酉清和，爲述古主人詮次家藏書目告成之時，《述古堂藏書目》序可考。彼云佛日前七日，此云晦日，蓋去詮次此時已一月矣。貫花道人，止見於此，殆取《龍龕手鑑》序中“穿貫綫之花”語意乎？錢抄據脫葉之本，故脫七條，其實脫二條，蓋上卷第四十三葉別本原有。

何小山跋云，吳郡沈辨之野竹齋校本，訛謬尚未盡，亦當再讀一遍。乾隆辛酉三月二十五日，用葉石君所藏嘉魚館惡抄本校，亦藉改正云。時入夏之六日，陰雨不已，麥豆之苗爛盡，耕者何以爲食？可憂，可憂！七十四病叟煌記。

按：煌，義門之弟，號小山，行二，故又稱仲老云。）

昔漁洋獲此書，鶡鳴館刻本，上下卷各缺一葉，因從汲古刻本補之，知二本相同也。余前有汲古本，校錢抄本，失之不復記憶其異同。汲古在《津逮秘書》中零本，倉卒不可得，適從理齋家部處借得汲古刻，復取與此舊抄一對，方悉與鶡鳴館刻不甚相遠，其脫失處並同，偶有一二異字，並注下方，云“毛”者是也。汲古刻前失自序，此不逮鶡鳴館本，理齋欲假余抄本臨校，余先校汲古而著其崖略如此。中秋後三日燒燭書，蕘夫。

二十有六日，理齋借校，爲余考證“抌”字一條，精確之至，因錄其校語於上方，余加續案，以拜一字之師云。復翁又識。

續經張訒庵借校此本，復爲余校鶡鳴館本，得數十條，悉以夾簽，附於各條下，精審之至，亦謹慎之至也。兹殘歲，坐兩百宋一廛中，手書於本書各條上方，恐其久而散失脱落也。訒庵校書，心到、眼到、手到，在朋友中無出其右，故其書俱善。近聞稍稍易出，如有得之者，莫以尋常校本視之，因並筆於此。乙卯季冬月二十有六日，復翁。

一書讎校幾番來，歲晚無聊卷又開；風雨打窗人獨坐，暗驚寒暑叠相催。人亡人得楚弓同，寒士精神故紙中；多少藏書家俱在，姓名不逐暮云空。復翁漫筆。

鶡鳴館刻與此抄序次大有不同。此本卻未將刻本先後校入，別有鶡鳴館本在，可互證也。（以上各跋均在卷末後。）

古人云校書如掃落葉，如拂幾塵，此言誠然。余於是書校至再至三矣，而誤字似有存者，因復用吳臨何校本在鶡鳴館舊刻本上者覆校。兹始竣事，略記面目，俾讀者覽焉。一、校之上方者，舊抄止存上卷本子也。一、校之在下方者，錢抄本也。一、校之在下方而注明刻本者，鶡鳴館本也。一、校之在下方而注明校者，即臨何校之向據此野竹齋抄本，又參用別本，何校之注明別本及一作本也。何校雖據此抄本，而又往往不與此本合，或當日之偶有脱落，或出於以意去取也。今余悉校鶡鳴館刻之與此野竹齋抄之異同，又全載何小山取野竹齋抄本校於別本之異同於此原校野竹齋抄本之上，庶使後之覽者，盡得野竹齋抄與鶡鳴館刻之面目而無遺憾矣。

昔人留心此書，如錢也是翁，但得鶡鳴館傳録之本，不及見野竹齋抄本矣。即有增補，大段與野竹齋抄本合，而字句多少全未及此野竹齋抄本，可見聞見之難若是。至於漁洋文抄已以鶡鳴館刻爲最古，又所見之未廣也。乙卯中秋前一日燒燭校訖記。

續借汲古《津逮》本校，知臨何校之所云別本者，往往而合，舍此，未見有別本專刻者矣。十八日又記。（以上兩跋均在卷首）

5.〔清〕黄丕烈著，屠友祥校注：《蕘夫藏書題識》，上海遠東出版社 1999 年版。

（1）《西溪叢語》二卷（校明抄本）

（同前第 4 條，此處略。）

（2）《西溪叢語》二卷（校明抄本）

鶡鳴館本，余亦有之。

錢氏即從鶡鳴館本出，別以他本校之，多所補脱校正。末書"此本"云云墨書一行。"仲老"記者，何小山也。

潘理齋云，"扱"字《説文》在臼部，即舀之或字，從手從臼，以沼切。"扰"字《説文》在手部，從手尤聲，竹甚切，深擊也。《集韻》以扱爲扰，收入平上二音，俱以爲即舀字。而以扱字收入聲，云投也，與《説文》互異，恐誤。案前校云扱，字書無之，故理齋借校時考之如此，蓋余但查字典，未考古書也。今考之如右。而扴即舀之或字，《説文》引《詩》"或春或舀"，陸《釋文》爲"杼，舀也"，杼，食汝反。《蒼頡篇》云取出也。據此則此藍格本扴字正與取出合，錢本作掠，此本剜改作流，皆非矣。理齋考訂最確。蕘翁記，八月二十六日。

潘理齋云，之以二字，當倒轉。余初不解，後晤言及此，余云《漢書》原文如此，顏師古云往也，即之字之訓。九月朔記。（上卷成公條書眉）

己卯秋收於小讀書堆。

蕘翁覆校錢述古校本，即何小山所云葉石君藏嘉魚館抄本。

又參校吳枚庵臨何煌校本在鶘鳴館舊刻上，亦出葉石君藏嘉魚抄本而又不同，大都書經三寫之故。蕘翁記。

又全校鶘鳴館刻本異同，並載臨校別本異字。中秋前一日記。

十八日，又參校汲古津逮本，與鶘鳴館本同。

（3）《西溪叢語》二卷（明本）

張君訒庵藏鶘鳴館刻《西溪叢語》，明人刊，此序失去尾葉，余借校時未有別本可證也，適檢書齋中亦有此書，雜於尋常書籍中，因拔置舊刻之列，而尾葉卻全，復從訒庵借此手影足之，前葉挖去三字，亦補之。乙亥正月四日呵凍記，復翁丕烈。

吳郡沈辨之野竹齋校本，訛謬尚未盡，亦當再讀一過。

右《西溪叢語》吳枚庵臨何小山校本，貯之篋中將廿年矣，今夏顧氏小讀書堆積書散出，小山所據之嘉魚館藏本在焉，爲黃蕘翁購得，因獲見而借歸對讀一過。何校脫誤尚多，豈小山意有去取乎。或老人目昏，未能精詳歟。皆不可知也。因重爲讎勘，拾遺補闕，存疑待考，庶無遺憾矣。嘉魚館本，即沈辨之野竹齋抄本，字畫雖劣，究是古本之善者。此鶡鳴館雖多脫訛，亦有勝於抄本處。漁洋文集中有此刻本跋，詫爲罕覯。今復加校勘，洵成善本，可不寶諸乎。嘉慶己卯九月廿五日，書於靜寄東軒，訒庵居士張紹仁。

（4）《西溪叢語》二卷（明刊本）

此鶡鳴館刻《西溪叢語》，余亦有之，但貯諸家塾中，不以爲難得之書。迨後見蔣壽松收顧氏書中有錢遵王家抄本並手校覆，始知即從是刻抄出，遂重之。錢本缺失多同，因視鶡鳴館刻爲難得而登諸舊刻之列。後余得嘉魚館抄本，取刻本相校，抄固勝刻，而刻亦有勝抄之處，抄因與刻並藏，惜刻有缺失並糊塗處，復借張訒庵本補抄寫全，可云盡美矣。頃湖估來，說新開環經閣有舊刻《西溪叢語》，甚完全清爽。余曰"是必鶡鳴館刻本也"，屬爲取閱，果然。實勝向來所有之本，奈遭俗子評點，瑜不掩瑕。余以難得，故卒收之，易以家刻書三種。今而後抄刻皆爲善本，可無遺憾。　癸未四月十有三日，蕘夫記。

(5)《西溪叢語》二卷（校本）

此余手校三本之《西溪叢語》也。始因於友人處見錢遵王手校舊抄本，欲臨之，苦無津逮中刻本。後晤張訒庵，知有鶡鳴館刻本而並爲吳枚庵手校者，遂借兩本勘之，知錢校之抄本即從鶡鳴館刻本出，而行款不盡同，其所校則別一本，不言所自出，而以吳校證之，知亦出抄本也。余謂書經校勘，已失真面目，故先以鶡鳴館刻校之，再以錢校覆之，三以吳校參之，可謂精審矣。復翁記，甲戌五月十有九日。時梅雨無一點，栽秧不活，漸成亢旱矣。奈何奈何！

6. 王文進著，柳向春標點：《文禄堂訪書記》，上海古籍出版社 2007 年版。

《西溪叢語》二卷，宋姚寬撰。清黃丕烈校明抄本。半葉八行，行十六字。書衣題曰：“《西溪叢語》野竹齋藏書抄本。乙卯秋，收於小讀書堆。”黃丕烈跋十則及詩一首，見《題識》。

黃氏手跋遺刊曰：“蕘翁覆校錢述古校本，即何小山所云葉石君藏嘉魚館抄本。又參校吳枚庵臨何煌校本在鶡鳴館舊刻上，亦出葉石君藏嘉魚館本而又不同。大都書經三寫之故。蕘翁記。”

"又全校鶡鳴館刻本異同，並載臨校別本異字。中秋前一日記。十八日，又參校汲古閣津逮本，與鶡鳴館本同。"

"鶡鳴館刻，余亦有之，錢本即從鶡鳴館本出，別以他本校之，多補脫校正。末葉'此本'云云墨書一行，'仲老記'者，何小山也。"

有"嘉魚館""葉萬""石君""黃丕烈""蕘夫""復翁""士禮居""孫從添""張紹仁""袁氏魯望""巽夫""楊紹和""道光秀才咸豐舉人同治進士"各印。

又清黃丕烈校汲古閣刻本。卷首題曰："鶡鳴館本，半葉十行，行二十一字。吳校抄本半葉八行十六字。甲戌五月，黃復翁。"跋見《題識續錄》。有"士禮居""惕甫經眼""簡莊審定""湘潭黃氏聽天命齋""幼平秘笈"印。

二、傳記年譜類

1. ［宋］施宿等撰：《嘉泰會稽志》（附《寶慶會稽續志》），成文出版社有限公司據民國十五年影印清嘉慶十三年刊本印行 1983 年版。

姚寬，字令威，嵊縣人，以父舜明任外官，少有令望，筮仕之始，一時名流爭禮致之。呂頤浩、李光帥江東，皆招置幕中。傅崧卿繼至，以主管機宜文字辟之，辭不就。崧卿移書"交舊有愧恨"之語。秦檜執政，以舊怨抑而不用，寬亦不屈已求進。後以賀允中、徐林、張孝祥等薦，入監進奏院、六部門、權尚書户部員外郎、兼權金倉工部屯田郎、樞密院編修官。

寬博學强記，於天文推算尤精。完顔亮入寇，中外皆以爲憂，具云："虜百萬何可當，惟有退保爾。"寬獨抗論沮止，且上書執政言："今八月歲入翼，明年七月入軫……今狂虜背盟犯歲，滅亡指日可待。"……未幾，亮果自斃。從上幸金陵，以其言驗，令除郎。召對。上首問歲星之詳。寬敷奏移晷，復論當世要務，奏未畢，疫作，仆於榻前。上面諭，令優假將理，俟愈人對。後一日卒，上甚念之，將官其一子，且用其弟憲於朝。

寬詞章之外，頗工於篆隸及工技之事。嘗謂守險莫如弩，且因哀集古今用弩事實，及造弩制度，爲《弩守書》以獻。且請用韓世忠舊法，以意增損爲三弓合蟬弩。詔許之。既成，矢激二里，所中皆飲羽。又嘗論大駕鹵簿、指南車，得古不傳之法也。所著有《西溪集》十卷，注司馬遷《史記》一百三十卷。補注《戰國策》三十一卷，《五行秘記》一卷，《西溪叢語》一卷，《玉璽書》一卷，注《韓文公集》未畢，尚數卷。寬每語人曰：古稱圖書豈可偏廢，故其注《史記》《戰國策》，辭有所不盡，必畫而爲圖。於文最得傳。葉適云："寬古樂府流麗哀思，頗雜近體詩，絶去尖巧，乃全造古律，加於作者一等矣。"爲當世推重如此。卒年五十八。

2. ［宋］陳振孫撰，徐小蠻、顧美華點校：《直齋書録解題》，上海古籍出版社 1987 年版。

《西溪居士集》五卷，按：姚寬集號《西溪居士》，原本作"西溪"，誤，今改正。剡溪姚寬令威撰。待制舜明廷輝之子。兄宏令聲爲删定官，得罪秦檜，死大理獄。寬爲六部監門，逆亮入寇，寬言木德所照，必無虞。言驗，將除郎，召對，得疾仆殿上卒。遂用其弟憲令則。後至執政。

3. ［宋］葉適：《題姚令威西溪集》，《水心文集》，四部叢刊本。

初，完顏亮來寇，舉朝上下，無不喪膽，直云"虜百萬何可當，惟有退走爾"。獨姚公令威抗論沮止，謂今八月歲入翼，明年七月入軫，又其行在己巳者，東南屏蔽也。又推算太一熒惑所次，皆賊必滅之兆。未幾，亮果自斃，江淮復安。余嘗嘆，國不可無智士，不智於人，當智於天。方是時，姚公策我能必勝者，智於天也。公著書二百卷，古今同異，無不該括，豈獨智於天哉？惜其盛壯，不預采録。晚始召對殿中，忽感風眩而死。悲夫！余不及識公，而與其子僅從偓同僚，從孫鎔以公《西溪集》《叢語》遺余。其古樂府流麗哀思，頗雜近體詩，長短皆絶去尖巧，乃全造古律，蓋加於作者一等矣。至以《易》"肥遯"爲"飛遯"，引注《説文》"不若是忿"，以辨《孟子》"不若是恕"，尤非余寡見淺聞所能到也。夫欲折衷天下之義理，必盡考詳天下之事物，而後不謬。余既不學，又不得見如公者而師之，徒掩卷追想於百年之外爾。

4.［清］陸心源輯撰：《宋史翼》卷二八，中華書局1991 據光緒三十二年初刊朱印本影印。

姚寬，字令威，嵊縣人。以父舜明任補官。少有令望。筮仕之始，一時名流，爭禮致之。吕頤浩、李光帥江東，皆招置幕中。傅崧卿繼至，以主管機宜文字辟之，辭不就。崧卿移書交舊，有愧恨之語。秦檜執政，以舊怨抑而不用，寬亦不屈己求進。後以賀允中、徐林、張孝祥等薦，入監進奏院六部門、權尚書户部員外郎、兼權金倉工部屯田郎、樞密院編修官。

寬博學强記，於天文推算尤精。完顔亮入寇，中外皆以爲憂，具云虜百萬何可當，惟有退保爾。寬獨抗論沮止，且上書執政，言今八月歲入翼，明年七月入軫，又其行在己巳者，東南遮罩也。昔越得歲而吴伐越，吴卒以亡；晋得歲而苻堅伐晋，堅隨以滅。今狂虜背盟犯歲，滅亡指日可待。又推太一熒惑所次，皆賊必滅之兆。未幾，亮果自斃。

從上幸金陵，以其言驗，令除郎。召對。上首問歲星之詳。寬敷奏移晷，復論當世要務。奏未畢，疾作，仆於榻前，上面諭令優假將理，俟愈復入對。後一日，卒。上甚念之，特官其一子，且用其弟子憲於朝。王明清《揮塵後録》、參國史修。

寬詞章之外，頗工於篆隸及工技之事。嘗謂守險莫如弩，因裒集古今用弩事實及造弩制度，爲弩守書以獻，且請用韓世忠舊法，以意增損，爲三弓合蟬弩，詔許之。既成，矢激二里，所中皆飲羽。又嘗論大駕鹵簿指南車，得古不傳之法也。

所著有《西溪集》十卷，《注司馬遷史記》一百三十卷。《補注戰國策》三十一卷，《五行秘記》一卷，《西溪叢語》一卷，《玉璽書》一卷，《注韓文公集》未畢，尚數卷。寬每語人曰：“古稱圖書，豈可偏廢？”故其《注史記》《戰國策》，辭有所不盡，必畫而爲圖。

於文，最得於詩。葉適云：“寬古樂府流麗哀思，頗雜近體詩，絶去尖巧，乃全造古律，加於作者一等矣。”爲當世推重如此。

卒年五十八。兄宏，字令聲，少有才名，呂頤浩爲相，薦爲刪定官。後忤秦檜，死大理獄。

5. 李裕民編著：《四庫提要訂誤》，書目文獻出版社 1990 年版。

《提要》卷一一八雲："宋姚寬撰。寬字令威，嵊縣人。……以父任補官，仕至權尚書戶部員外郎、樞密院編修官。"

按，《寶慶會稽續志》卷五雲：（所引文字同傳記年譜類1，此處略。）

考金主亮於紹興三十一年（1161）十一月二十六日夜被殺（《建炎以來繫年要録》卷一九四），十二月一日，金遣人送停戰講好的檄文至宋方（同上卷一九五），姚寬於十月隨高宗赴金陵（同上卷一九三），以言亮必斃有驗而召對應在十二月二日之後，"後一日"卒應在三日之後。上推其生年應在崇寧三年（1104）。

此書，王明清《揮塵録》曾兩處徵引，一作《西溪叢語》（卷二第二五條），一作《西溪殘語》（卷四第一〇〇條）。明清稱姚寬爲先友，其書作於乾道二年（1166），上距姚寬之死僅五年，所説必有根據，《西溪殘語》當爲此書之別稱，《直齋書録解題》亦作《殘語》。又《翁牖閑評》引作《西溪叢話》（卷四、卷六），《竹莊詩話》所引或作《西溪叢話》（卷一八），或作《西溪叢語》（卷二），《遂初堂書目》作《叢話》，"話""語"字形相似，義亦相近，"話"當爲"語"之誤字。

此書前有紹興十一年（1131）自序（見《説郛》商務本

卷九），序云："嘗讀《新論》云：若小説家合叢殘小語，以作短書，其有可觀乎?"書稱"叢語"或"殘語"蓋來源於此。

其集，《直齋書錄解題》卷二○作"《西溪居士集》五卷"，已佚。《全宋詞》錄其詞五首，《全宋紀事》卷四六收其詩五首。

三、引用、評述研究文字類

1. 傅增湘：《藏園羣書經眼錄》，中華書局1983年版。

《西溪叢語》二卷，宋姚寬撰。明嘉靖二十七年戊申，俞憲鸂鳴館刻本。十行二十字，白口單闌，版心上方題"叢語"，下方題"鸂鳴館刻"，前姚寬自序。次嘉靖戊申錫山俞汝成序。據序稱得之馬玄西抄本，第多脱誤，不便披省，相與校勘一過，屬臨溪楊子刻之武昌云云。

《西溪叢語》二卷，宋姚寬撰。明野竹齋寫本，大字八行十六字，卷末一行文曰："吳郡沈辨之野竹齋校本，訛謬尚未盡，亦當再讀一過。"

黃丕烈覆校錢述古校本。又參校吳翌鳳臨何煌校本，又參鸂鳴本、汲古津逮本。有黃氏手跋七鈐印列後。

2. 雷夢水：《古書經眼録》，齊魯書社 1984 年版。

《西溪叢語》二卷，宋剡川姚寬撰。明嘉靖間鵁鳴館刻。白棉紙。首有紹興昭陽作噩仲春自序。又嘉靖戊申錫山俞憲序。每半頁十行，行二十一字。白口，口下刻有“鵁鳴館”三字。

3. 黃裳：《前塵夢影新録》，齊魯書社 1989 年版。

《西溪叢語》二卷，嘉靖鵁鳴館刻本。棉紙，一册。此爲靖刊本中名物，“涵芬樓秘笈”所印即此。郭石麒攜來售余。後又得一本，亦白棉紙印本。有南村陸氏藏印，嘉定陸廷燦藏書。

《西溪叢語》二卷，嘉靖鵁鳴館刻本。殘存卷下。天一閣舊藏。林集虛售余者。棉紙最初印，書根亦范氏舊寫，取校舊藏一本，雖同是鵁鳴館刻本，然卻非一板，行款不盡同也。余買書不棄叢殘，不厭副本，往往有未見之書，即通行之書，亦有人所未知之特異處。不加比較，不能知也。

4. 中外名人研究、中國文化資源開發中心編：《中國名著大辭典》，黃山書社 1994 年版。

《西溪叢語》，南宋姚寬撰，三卷，作者曾歷任征猷閣侍制、權尚書户部員外郎及樞密院編修等官，於前朝及本朝史事典籍了解頗多。此書以考證典籍爲主，兼述南北兩枕頭及金朝諸事。其中考辨尤爲精核，如辨劉放論蕭何不爲功曹之誤，王安石《詩經新義》中彤管爲簫笙之誤，歐陽修論張繼半夜鐘之誤等等，俱爲精細，對兩宋朝政遺事及金朝南侵的記載，亦較可靠，可作參考，原有明鵁鳴館刊本，今通行的有《津逮秘書》《學津討原》及《涵芬樓秘笈》等本。1983年江蘇廣陵古籍刻印社出版《筆記小説大觀》將其收入。

5. 蔣祖怡、陳志椿主編：《中國詩話辭典》，北京出版社1996年版。

《西溪叢語》，南宋姚寬撰。二卷，二百六十四條。據自序成書於紹興癸酉年（1153）。是書係筆記體，大都考證典籍述記之異同，兼析名物，間録雜聞，而涉及詩話者頗多。其考析雖有穿鑿疏舛之處，然大致瑜多而瑕少，足見作者學識博洽。

是書論詩，多爲考評，或辨識正訛，尤注意詞語之所本，以爲咏物用事應不違實情。如訂正蘇軾《水龍吟》中"楊花落水爲浮萍"説之誤，又稱歐陽修誤評張繼《楓橋夜泊》"夜半鐘聲"説，證明半夜鐘由來已久，雖然夜半有否鐘聲不必坐實。再則，間或提示詩歌技巧，評點詩作。如謂杜審言"啼鳥驚殘夢，飛花攪獨愁"句，"下句爲工"，所言亦在理。此外，書中另有著録他人雜詩。

是書，《宋史·藝文志》著録爲二卷，《説郛》以節本收入，作一卷，卷首有姚寬自序。毛晉《津逮秘書》本、商濬

《稗海》本、張海鵬《學津討原》本等均收二卷。《四庫全書總目提要》稱三卷，實收上下二卷於子部雜家類，無序。明清以來有多種刊本通行。（葉永錫）

6. 黃裳：《來燕榭讀書記》上，遼寧教育出版社 2001 年版。

《西溪叢語》，此本爲天一閣舊藏，書根猶存，僅存卷下。余舊有全帙而中有缺番，石麒乃以此册見售，欲配全之。細審卻非一板，筆劃鋒棱，處處有異，文亦不同。雖行款俱合，牌記宛然，終非同出一板者。吁，是可異也。辛卯九秋。

《西溪叢語》二卷，存下卷，嘉靖刻。十行，二十一字。白口，單邊。版心下有鵜鳴館刻四字。

7. 朱易安等主編：《全宋筆記》第四編（三）點校説明，大象出版社 2008 年版。

《西溪叢語》二卷，姚寬撰。姚寬（1105—1162）字令威，嵊縣人。父姚舜明，在兩宋之交入建康隨李光抗金。姚寬深受其父影響，曾撰《弩守書》，並幫助韓世忠製造出威力很強的三弓合蟬弩。以賀允中等人之薦監進奏院，先後任權尚書户部員外郎兼金、倉兩部屯田郎、樞密院編修等職。姚寬頗工書法，篆隸皆佳。其著有《西溪集》十卷、司馬遷《史記》注、《戰國策》補注，注《韓文公集》未畢，僅數卷；又著《五行秘記》一卷、《西溪叢語》二卷、《玉璽書》

一卷。除《西溪叢語》外，現均不存。

《四庫提要》對《西溪叢語》優劣有過分析，認爲"大致瑜多而瑕少"。其書内容十分豐富，涉及歷史人物、歷史事件、文物典故、詩詞文章，乃至山川潮汐、州郡地理等等，有較高的學術價值。正因爲該書内容廣博，故四庫館臣收其書入"考證家"類。此書歷來深受學者關注，許多著述引證其語，影響甚大。

《西溪叢語》版本頗多，比較著名者有明嘉靖二十七年鵁鳴山館本、萬曆《稗海》本、明汲古閣《津逮秘書》本、文淵閣四庫本、《筆記小說大觀》及《叢書集成初編》本。這次整理以《津逮秘書》本爲底本，參校文淵閣四庫本、清嘉慶《學津討原》本、光緒《嘯園叢書》本、涵芬樓秘書本、《筆記小說大觀》等本，也參考了《文獻通考》及《宋史》《左傳》等書。